経営危機に陥った社長さんを守る最後の救済策

株式会社東京事業再生ER 代表取締役
公認会計士・税理士

橋口 貢一

清文社

改訂にあたって

本書は、平成28年に上梓した『自主再生困難な社長さんの事業・生活・財産を守る最後の救済策』を改題し、内容をアップデートしたものです。

前著の出版より6年が経過し、この間、我が国は、長引くデフレ不況と消費税10％への増税等により経済が停滞し続ける中、昨今のコロナ感染症とウクライナ紛争さらには急激な円安を起因とする深刻な世界経済の停滞と資源価格の高騰が追い打ちをかけ、中小企業の7割（約２００万社）が赤字経営に陥っており、その中で倒産予備軍とされる中小企業の数は6年前の40万社から50万社近くに急増しているのが実情です。

まさに我が国の中小企業の6分の1が深刻な経営難に陥っている危機的な実情に対し、政治・行政もコロナ関連融資（ゼロゼロ融資）・協力金・助成金などの諸施策は実施してはきましたが、結果的には多くの中小企業が返済不能な過大債務を負う事態となりました。

このコロナ関連融資の件数は何と２３４万件、融資総額は42兆円というとてつもない規模に膨れ上がっています。多くの社長さん達は過大債務を抱えて、出口の見えない経営難にさいなまれながら、「今、打つべき手」を誰からも教えられずに、来たるべき経営破綻、すなわち倒産の時を迎えようとしています。これまで営々と築き上げてきた自らの事業・生活・財産を、金融機関を中心とする債権者らにより身ぐるみを剥がされ、何もかも奪われてしまう。そして最悪の事態に至れば、経営者の自殺という由々しき事態に陥るのが実情です。

私もこの10年間で2人の経営者の自殺に遭遇し、そのたびに自らの力の無さを痛感するとともに、「今、打つべき手」を誰からも知らされず倒産寸前状態でようやく私のところに駆け込まざるを得なかった社長さんの不運さに心を痛める次第です。

この「今、打つべき手」ですが、誰からも知らされていないだけで、実は存在しているのです。少なくとも、その自殺をされた方々を除いて私のところに駆け込まれた50社以上の社長さん達は、「今、打つべき手」、すなわち、従前の金融機関（債権者）主導の事業再生手法から、会社（債務者）主導の事業再生手法（第二会社方式による外科型再生支援）に切り替えることより、ものの見事に倒産寸前の事業・生活・財産を合法的に守れることが伝わり、薄氷を踏む思いの中、「再生の出口」に辿りついてきたのです。

とはいえ、私に驚くようなコンサルティング手法があるわけではありません。が、私自らが10年前に経験した倒産・再生局面における倒産法の運用ルールに従って冷静に手を打てば、誰しもが合法的に会社の債務と社長さんの連帯保証債務を除去でき、第二会社方式により会社の事業を存続させることができるのです。

そして、これにより無用な従業員の失業と取引先の連鎖倒産を抑止し、結果的に国益に資する事業再生を成し遂げることになるのです。

まさに倒産寸前の社長さんの事業再生局面においては、今まで誰からも知らされてこなかった「嘘みたいな本当の話」がゴロゴロあり、それらを知った上で冷静に「今、打つべき手」を打てば合法的に事業再生を果たすことができるのですが、残念ながら社長さんの最も身近な専門家である税理士がその手法をまったく知らず（知ろうともしない）、なおかつ事業再生支援が専門外のため、腰が引けた状態でやむを得ず金融機関（債権者）主導の事業再生支援に協力し続けるので、社長さん達は「今、打つべき手」を誰からも教えられず、前述の通りの悲劇的な結末を迎えてしまうのです。

こうしたことから、本書は、前著の刊行からこの6年間における壮絶な（外科型）事業再生支援の現場で私が体得した「嘘みたいな本当の話」を、前著に加筆・修正しながら、金融機関（債権者）からの中傷・批判を恐れず、ありのままに社長さん達に伝えるものです。

なお、本書においても前著に引き続き「倒産法に精通した弁護士」との協業が外科型の再生支援において必須であることを何度も述べることになりますが、前著との違いにおいて明確にしておかなければならない事項として、会社の破産手続に携わる弁護士には「財産散逸防止義務」が課せられるという前提で外科型再生支援を遂行しなければならないということです。

したがって、前著においては外科型再生手法の肝である第二会社への事業譲渡取引のタイミングとして弁護士の債務整理通知発送後に実行するような記述をしておりましたが、この点については前著を発刊した平成28年頃から倒産法制の運用において、「財産散逸防止義務」が弁護士に課される判決がいくつか出たこともあり、合法的な再生支援手法の遂行の観点から事業譲渡の実施タイミングを訂正させていただくことをお伝えさせていただきます。

最後に、出口の見えない過大債務に苦しみ、来るべき経営破綻に怯え続ける中、幸運にも本書と出会い、今まで誰からも知らされてこなかった「今、打つべき手」を知り、なぜその手法が合法的かつ唯一無二の事業再生手法なのかをご理解いただければ、多勢に無勢の中にある社長さんを「再生の出口」に導くことができることを確信しております。

令和5年8月

橋口　貢一

はじめに

資金繰りに苦しむ社長さんへのメッセージ

はじめまして。株式会社東京事業再生ＥＲ　代表取締役・公認会計士の橋口貢一と申します。

今、本書を手にされた方の中には、資金繰りが苦しく、金融機関に返済猶予（リスケジュール）の申請をされている社長さんもいらっしゃると思います。その中でも金融機関への返済の繰延べを何度も行い、自主再生が困難なほど経営難に陥っている会社を本書では「リスケ企業」と呼びます。そして、本書はまさにそうしたリスケ企業の社長さんに向けてのメッセージなのです。

かくいう私も公認会計士という職業にありながら、20年ほど前にベンチャー企業の起ち上げに携わりました。ところが、株式上場直前という状況から経営に行き詰まり、10年前（平成18年）に、経営者として負債総額50億円、連帯保証債務5億円の倒産を経験しました。

その後、20件にも及ぶ民事裁判を経て、平成23年に連帯保証債務5億円を50分の1の

1000万円に減額し、資格（公認会計士・税理士）と財産（自宅）を守り切るという奇跡的な再生経験をしました。

「再生の出口」を指南できるプロがいない現実

私は自らの倒産・再生経験で痛感したことがあります。それは、私の会社の事業再生に関わっていた各分野の専門家（弁護士、税理士、金融コンサルタント等）は、実は再生のプロフェッショナルではなく、事業再生に関する各分野の専門知識を持ち合わせているに過ぎなかったため、全体を見通した明確な「再生の出口」（ゴール）を誰も何ら示してくれなかったという点でした。

皮肉にも、誰も「再生の出口」など知らなかったおかげで、私は自らの倒産・再生経験を通じて、「経営難」に陥っている社長さんがいかにして自らの事業（従業員、取引先）と自らの生活（家族）・財産（自宅）を守るかを体得したということなのかもしれません。

倒産は何度も経験するものではないため、経営難に陥っている社長さんは初めて直面する苦難に日々苛まれ、苦しみあえいでいることと思います（私は10年間、もがき苦しみました）。

国（金融庁）も、金融機関も、弁護士・税理士業界も経営難に苦しむ中小企業に対して「再生支援」に積極的に取り組むとの美辞麗句を並べ、いかにも施策を実施しているかにみえます。しかし、私が直面している再生支援の現実は、彼らの施策は何の役にも立たないばかりか、かえって早期の再生支援の足かせになることのほうが圧倒的に多いのです（詳細は後述します）。

要するに、どこにも事業再生のプロはいないということであり、多くの社長さんは、適切な施術を行う医者のいない中で「経営難」という重い病にかかっている状況なのです。

「経営難」の苦しみは倒産経験者にしかわからない

つまるところ、「経営難」に苦しむ社長さんの思い・苦しみは、倒産を味わった経験者にしかわからないということだと私は思います。

私は自らの経験を通じてそのことを確信しました。そこで、私は民事再生手続を勝ち取った翌年の平成24年に、「倒産・再生の経験者」、および「職業会計人（公認会計士、税理士）」として、株式会社東京事業再生ＥＲを設立し、経営難に苦しむ社長さんの事業のみならず、社長さん個人の生活・財産までも一体的に守り切る再生支援事業を開始しました。

社名の「ＥＲ」とは、「Emergency Room」のこと、すなわち「救急救命室」のことです。

まさに医療現場でいうところの「一命を取りとめる」ことに主眼をおいた外科型（法的整理を前提）の再生支援を実践しています。

事業再生は時間との勝負

私のところに相談に来られる社長さんのリスケ企業の多くは、「がん」で例えると「ステージ4」（末期がん）であり、倒産寸前のまさに待ったなしの状況です。私はそんな状況にある社長さんの事業・生活・財産を「倒産法」という法の剣を用いて、合法的に守り切ることをモットーとしています。

そうはいっても、「ステージ4」のリスケ企業のすべてを救命できるわけでは決してありません。全体の3割くらいの社長さんの会社は再生支援中に自然死（経営破綻）に陥ります。また、その社長さん個人も、倒産法の法的効力の及ばない闇金融等の反社会的勢力にすべてを食い荒らされ、失踪や最悪の事態である自殺に追い込まれるケースに発展することもあります。

昨年、私は再生支援先のリスケ企業の社長さんの自殺に遭遇し、経営破綻とその経営者の自殺という厳し過ぎる現実に向き合うこととなりました。その悔恨の念が、本書の執筆に己の心をかき立てたことは間違いありません。

しかし、逆にいえば、「ステージ4」のリスケ企業でも、私は7割程度の再生案件について、「倒産法」を駆使して社長さんの事業・生活・財産を何らかの形で守り切っているともいえます。ましてや、「ステージ2」「ステージ3」のリスケ企業であれば、何をか言わんやです（ちなみに、「ステージ1」は再生業界でいう「自主再生可能企業」であるため、基本的に私の再生支援の対象外です）。

「ステージ2」とは、慢性的な赤字ですが金融機関への返済猶予（リスケ）のみで、他に返済延滞先のない会社のことであり、「ステージ3」とは、金融機関のみならず公的機関（税務署、社会保険事務所等）に対する延滞のある会社のことです。これらのリスケ企業の再生支援は「倒産法」の法の剣を用いて外科的に処理してしまえば、驚くほど短期間かつ合法的に社長さんの事業・生活・財産を守り切ることができるのです。

私も再生支援先の社長さんを自殺で失った

本書執筆のきっかけは、前述のとおり昨年、支援先の社長さんが経営難を苦にしてお亡くなりになり、事業再生コンサルタントとしての自らの力量不足を痛感したことによります。

40万社といわれるリスケ企業の社長さんは日夜資金繰りに走り回り、近い将来に起きうる経営破綻の恐怖に苛まれ続けています。それにも関わらず、国も金融機関も個々具体的な「再生の出口」を指し示すことなく、指をくわえてリスケ企業の自然死を待っているというのが紛れもない現実です。また、残念ながら、世の中に出回っている事業再生に関する本は、具体性に欠く抽象的なものが多いように思います。

その点、本書は自らの倒産・再生経験の中で体得した具体的な再生手法を、事例を交えながら社長さんに伝授するものですので、きっとお役に立てることと自負しています。

どうか一人でも多く、経営難に苦しむ社長さんが本書を手に取り、自らの強い意志と倒産法の活用によって、あらゆるしがらみを断ち切り、債務者主導で自らの事業（従業員、取引先）・生活（家族）・財産（自宅）を守り切る決断をしていただければ幸甚です。

平成28年10月

橋口　貢一

目次

第2章 リスケ企業の社長さんを生殺しにする再生支援者たち

第3章 「倒産法」を使えば社長さんの事業（従業員・取引先）を合法的に守れる！

第4章 「倒産法」を使えば社長さんの生活（家族）と財産（自宅）を守れる！……129

第5章 「命」と引き換えにしてまで返すべき「借金」はない！

第6章 各手続とスキーム等の手順・留意点の解説Q&A …… 211

序章

経営破綻に怯える社長さん、あなたには、まだ「この手」が残されている！

「嘘みたいな本当の話」、これが社長さんの「今、打つべき手（外科型事業再生事例）」だ

外科型事業再生支援に至るまでの経緯

(1) 会社の事業内容

S社は40年以上にわたり地域の名門企業としてアパレル事業（卸事業・小売直販事業・小売IT通販事業）を営んでいましたが、長引く不況とアパレル業界を取り巻く商流の激変（ユニクロやIT通販事業の台頭）により、卸部門・小売直販部門の各事業は不採算事業となり、唯一小売IT通販部門のみが好採算事業として運営されていました。

(2) 会社の財務状況

S社は金融機関7行から5億円を超える借入金があり、数年前から金融機関に対しリスケジュール（返済猶予）を求める状況で、定期的にメイン行を中心にしたバンクミーティングを開催し、当初より実現困難な経営改善計画を漫然と実施していました。

なお、借入金のうち2億円はメイン行が優越的地位の濫用により強引に取引させた為替デリバティブ取引による損失穴埋め融資によるものであり、数年前に事業再生ADRを申請し、メイン行より2割の債務免除を受けていました。

(3)　社長の個人財産状況

社長のA氏（80代男性）は会社に対し、3000万円の貸付を行っていたほか、所有していた自宅についても住宅ローンの残債務額（3200万円）が自宅の価値（2000万円）を大幅に上回るオーバーローンの状況でした。

また、私財提供の原資は個人の貯蓄の切り崩しのみならず、個人のカードローンや消費者金融からの借入が1000万円を超えている状況で、社長個人も多重債務者として債権者からの執拗な督促にもがき苦しむ厳しい状況でした。

(4)　社長との面談概要

弊社主催の外科型事業再生セミナーを受講したS社の顧問税理士から相談依頼を受け、A社長の同席のもと面談を行いました。

会社の財務状況は前述した(2)の通り、返済不能に陥った5億円を超える金融機関からの借入金が存在するとともに、消費税および社会保険料の滞納が長期間続いており、両者で2000万円程度の未払いが存在し、当局から財産差押えの予告通知書が送付されるなど、事業存続自体が危ぶまれる状況でした。

また、直近3期分の決算書を査閲したところ、一目で違和感を覚えるほどの多額の売掛金・未収金・投資有価証券と商品在庫が計上されていました。顧問税理士に確認したところ、およそ4億円近い粉飾決算が金融機関の黙認のもと長年なされていたことが判明しました。

(5) 私の判断

面談結果よりS社は、4億円を超える粉飾決算を長年行い続け、5億円を超える借入金についてはリスケ中であり、一方消費税および社会保険料については長期延滞による財産差押えリスクを抱え、さらにA社長自身は多重債務者として精神的にかなり追い込まれており、なおかつ高齢であることから会社の自主再生は明らかに困難であり、早期に会社の法的整理を前提とした第二会社方式（好採算事業の第二会社への事業譲渡手法）による外科型再生支援が必要であると判断しました。

外科型再生支援への取組みの様子

(1)　倒産法に精通した弁護士との面談・契約締結

会社の法的整理を前提とした第二会社方式による外科型事業再生手法においては倒産法に精通した弁護士との協業が必須です。

なぜ、「倒産法に精通した」というフレーズになるかというと、弁護士と言えども倒産法に精通した者は限られており、東京地裁管轄でいえば同地裁の民事20部の破産管財人登録名簿に登録のある弁護士くらいでないと、破産手続の過程で裁判所（破産管財人）と破産申立前の事業譲渡取引の合法性の議論については、まともに渡り合えないからです。

そのような理由で私と事業再生支援の信条と志を一にする倒産法に精通した弁護士との面談を設定し、同弁護士に対し会社の法的整理（自己破産）を前提とする第二会社方式の外科型再生手法が合法的な再生手法であることの説明を依頼しました。

さらに、弁護士には会社の法的整理に先立ち、社長の自宅（財産）を第三者に譲渡し、その後に賃貸で住み続け、将来的に親族らにより買い戻す行為も合法的な自宅保全方法であることの説明を依頼しました。

A社長は私が提案した外科型再生スキームについては基本的に理解してはいたものの、「事業も自宅（財産）も信頼関係のある第三者に譲渡し、会社の債務だけを帳消しにする」というそんな〝都合のいい再生手法〟が法的に許されるのか半信半疑のようでしたが、倒産法に精通した弁護士からの説明を受け、心の底から納得・理解をして、第二会社方式での外科型再生を決意し、後日、自己破産の申立てを同弁護士に依頼しました。

⑵ 社長の自宅の維持・保全手続

私が提唱する外科型再生支援において第二会社への事業譲渡取引以上に難しいのが、社長さんの財産（自宅）の維持・保全手続であり、この手続には別除権者（抵当権者）という名の手ごわい債権者がいるため難航するケースが多いことも事実です。そこで、再生スケジュールを円滑に進めるためにも、第二会社への事業譲渡取引前に優先して実施する必要があります。

本件においても前述のとおりA社長の自宅はオーバーローン状態であったため、自宅を維持・保全するため、私は提携する任意売却専門業者に自宅の市場価格と競売予想価格の査定を依頼し、抵当権者（保証会社）との任意売却交渉を水面下で開始しました。

ちなみに、住宅ローンの残債務額は3200万円であったのに対し、自宅の市場価値は約2000万円、競売の予想落札価格は1400万円程度ということであったため、私は競売予想価格に２００万円を上乗せした１６００万円で任意売却交渉を業者に依頼することとしました。

その業者が、自宅の老朽化と競売市場の停滞感等を理由に抵当権者と粘り強く交渉した結果、抵当権者は競売手続を断念し１６００万円での任意売却に応じる（自宅の抵当権の抹消に同意）こととなりました。本末転倒ですが、そこから自宅の買い手を探すこととなり、社長の希望する親族等に業者が声をかけましたがなかなか見つからず、結局、弊社が金融機関から融資を受け、取得することとなりました。

私の信条とする外科型事業再生支援のコンセプトは、社長の事業・財産・生活を合法的に守り切ることですから、本件のようなケースにおいて親族等からの協力が得られない場合は、弊社で社長の自宅を任意売却で取得することはよくあることなのです。ちなみに、弊社は、これまで10件以上の自宅の取得を行ってきました。

なぜ弊社で取得できるのかというと、弊社が不動産を市場価格の6~7割程度で取得できるからであり、大半のケースにおいて金融機関からの融資だけで取得できるからです。

最近、ＣＭでよく耳にする大手不動産会社のリースバック案件もほとんどが市場価格の6~7割で不動産を買い取り、売主に賃貸するものです。法的整理直前の社長さんにとってもリースバックとはいえ、自宅を維持できる（将来的に買い戻すことも可能）ことは、大事な家族との絆を守れるという意味で、自らの事業の存続以上に優先度が高いものなのです。

ここに既存の事業再生支援手法の脆弱性を指摘することができるのです。金融機関といたずらに債務の引き延ばし交渉だけをしていても、過大債務など返済できるはずもなく、最終的に会社の経営破綻により自宅を債権者らに奪われるのであれば、自らの判断で信頼できる第三者に任意売却し賃貸により自宅（家族との絆）を維持できれば、社長さんは心置きなく法的整理という厳しい決断のもと、自らの事業の事業再生に打ち込むことができるのです（まして自宅を買い戻せるのであれば、なおさらです）。

弊社が取得する社長さんの自宅ですが、取得と同時に社長の親族等に投資額の8％程度の年額家賃で賃貸し、会社の法的整理手続の完了と第二会社の再生が軌道に乗った時点で親族等に自宅を時価ベースで売り戻すスキームを取っています。私はこのスキームを「買戻特約付任意売却スキーム」と呼称しているのですが、この買戻スキームと第二会社方式をミックスした外科型再生支援によって、多くの社長さんの事業・財産・生活を合法的に守り切ってきました。

⑶　再生可能事業の分別と事業譲渡取引の締結・実行

A社長の外科型事業再生への意思が固まったことにより、私は再生可能事業と再生不能事業を分別し、前者すなわち小売ＩＴ通販事業につき第二会社への事業譲渡手続を実施することとなりました。

また、A社長と協議した結果、再生不能事業である卸事業については社長と長年付き合いのある同業者との間で１０００万円で従業員と顧客先を引き継ぐ事業譲渡を実施し、同資金を当座の運転資金とするとともに消費税と社会保険料の滞納分の一部を納付することにより財産差押えリスクの軽減を図ることとしました。

また、唯一の再生可能事業であった小売ＩＴ通販事業については、A社長のご子息を代表とする第二会社を設立し同事業を譲渡することとし、小売直販事業については第二会社への移籍希望者を募った上、事業を停止することとしました。

第二会社への事業譲渡取引については、後日破産手続において裁判所（破産管財人）に対して適正な譲渡価格で実施したことを説明する必要があるため、公認会計士である私が譲受資産（５０００万円）と譲受債務（４５００万円）をそれぞれ時価ベースで評価・算定し、その差額である５００万円を事業譲渡価格とし事業譲渡契約を締結後、第二会社から会社への支払を実施し成立させました。また、それとともに、第二会社の方には事業を譲渡した会社の債権者から債務の弁済を求められないように、会社法22条（事業譲受に伴う債務弁済の拒否）の登記を司法書士に依頼することとしました。

この事業譲渡価格の算定業務と裁判所（破産管財人）への説明こそが、第二会社方式の外科型再生支援の最も難しい点です。

なぜなら、破産申立前の事業譲渡取引は破産手続において、裁判所（破産管財人）がその事業譲渡価格の適正性を債権者への詐害行為の懸念から厳格に精査するからです。

本来、この事業譲渡価格の算定業務は企業会計のプロフェッショナルである公認会計士の業務分野なのですが、裁判所（破産管財人）は会計の知識が乏しいため、会計的な根拠もなく譲渡価格の適正性に難色を示すことがあり、同価格を評価・算定した私が説明（説得）のために裁判所に出廷することは度々です。

酷いケースでは、会社の破産原因となった粉飾決算（循環取引）の認識相違により20億円の否認権訴訟を提訴され、勝訴的和解勧告終結まで5年の年月を要し、裁判所に通い続けたこともあるぐらいです。

したがって、本件においても、在庫や設備などの譲受資産は帳簿価額ではなく、適正な時価（清算価値）に評価し直す必要があり、引継事業の買掛金や預り金などの譲受債務については事業の引継ぎに必要不可欠な債務であることを説明する必要がありましたが、私が評価した譲受資産の10分の1の５００万円という安価での事業譲渡価格の説明には私自らが裁判所に出廷し、破産管財人や裁判官に公認会計士としての事業譲渡価格の評価の適正性を説明することとなりました。

その中で問題視されたのは、テナントビルの保証金（帳簿価額1200万円）の評価でした。テナントへの保証金については、簿価の1200万円が一般的には妥当な評価と考えられやすいのですが、前述の通り譲受資産については時価で評価する必要があります。本件賃貸借契約の地位承継契約書においては第二会社が同テナントの原状回復義務を負う旨の文言が含まれており、また原状回復工事の見積額が保証金の簿価を超えていたため、弁護士と協議の上、保証金の1200万円は将来の原状回復費用と相殺し0円と評価し、裁判所（破産管財人）の了承を得ました。この保証金を原状回復費用（見積）と相殺するという評価手法については、その後の再生案件においても積極的に採用し、安価な譲渡価格での事業譲渡取引におおいに威力を発揮することとなりました。

(4)　粉飾決算の是正手続

会社の破産手続では、申立直前期の決算書、特に貸借対照表の計上内容に基づき債権者の確定作業および財産の換価手続ならびに前述の第二会社への事業譲渡取引価格の検証作業を実施します。そのため、粉飾されたままの決算書を提出することは、不良資産・架空資産あるいは簿外債務等の余計な調査作業を破産管財人に課し、いたずらに破産管財手続を混乱させるので、破産申立直前期の決算書においては、実態貸借対照表の提出を厳に求められることになり、これは極めて重要な点となります。

後述しますが、東京地裁における破産手続には、通常の手続と少額管財手続の2種類があり、後者は特に換価すべき重要な財産が見当らないと裁判所が判断した場合に、通常の破産手続よりも裁判所への予納金（破産申立費用）が20万円程度の低額ですみ（通常事件は100万円〜）、破産管財人の財産調査手続も簡素かつ短期間で終わらせるという特別な運用方法を採用しているため、少額管財手続を希望する場合は粉飾された決算書の是正手続が必須となります。

そのような事情があるため、事業譲渡取引の実施前に、私は顧問税理士に進行期の決算期を変更して、直ちに会社の実態貸借対照表を確定決算として作成すべきである旨を助言したところ、顧問税理士は長年会社の粉飾決算に関与し、バンクミーティング等で説明してきた経緯から頑なに固辞すると同時に、破産手続において粉飾決算に関与した自らの責任問題を憂慮する始末でした。

確かに顧問税理士としてもA社長から懇願され、金融機関対応として粉飾決算に関与したのですが、破産手続において顧問税理士の責任がどのように課されるか全く見当が付かなかったようでした。私は多くの破産管財事件に関与した者として、裁判所（破産管財人）が粉飾決算に関与した顧問税理士の責任を追及した事案など全く存在しないことと、むしろ粉飾した決算書を提出することにより破産手続が混乱・長期化するとの問題点を説明し、粉飾決算の是正が必須であることを丁寧に説明しました。

顧問税理士は私の説明に理解は示したものの、前述の通りバンクミーティングでの説明経緯や顧問税理士と金融機関との信頼関係などを考えると到底できないと固辞し続けたため、A社長と協議の上、顧問税理士にはやむを得ず辞任していただき（同時に第二会社の顧問税理士に就任）、私が顧問税理士に就任して会社の4億円に上る粉飾決算の是正手続を行いました。

この是正手続は不良資産（在庫・売掛金・貸付金・投資有価証券）と架空資産（売掛金）の損失計上、簿外債務や減価償却費計上漏れ等の過年度の費用計上処理を実施するため、会社の経営破綻の過程が明確になるとともに、後日実施された事業譲渡価格の評価・算定作業の前提作業となりました。

本件における顧問税理士のように長年にわたって、社長と金融機関と共に三位一体になって粉飾決算に関わってしまった罪悪感が、中小企業の事業再生問題に、税理士およびこの業界が及び腰にならざるを得ない主原因であると私はいつも感じるものです。

(5) 破産手続（少額管財）の申立てから終結の過程

かくして、事業譲渡取引の後、同弁護士が代理人弁護士に就任し、金融機関を主とする債権者への債務整理（受任）通知を送付の後、裁判所に会社の自己破産手続の申立てを実施しました。

前述の通り、会社の自己破産手続につき東京地裁においては少額管財手続があります。

したがって、前述の粉飾決算の是正手続を経て不良資産・架空資産等の損失処理を実施したことにより、会社にとりたてて換価すべき財産が存在しないことを疎明することができるため、この少額管財制度の適用が容易になるのです。

しかし、本件においては、S社は横浜市を本店所在地にしていたため、通常であれば横浜地裁に破産申立てを申請しなければならなかったため、私は第二会社への事業譲渡取引のタイミングで本店所在地を東京都に移し、少額管財手続の適用を代理人弁護士から東京地裁に依頼してもらうこととしました。

また、冒頭に説明した通り、S社はアパレル業界で名のある会社であり、同社の破産手続開始の噂は第二会社の事業再生にとって風評被害等のデメリットが強いと判断し、第二会社との事業譲渡取引のタイミングで商号変更することとしました。

結局、粉飾決算の是正手続と会社本店所在地変更の効果により、裁判所は本件破産事件を少額管財事件として適用をし、低額の予納金と簡素かつ短期間の破産管財手続が実施されることとなりました。

裁判所（破産管財人）からは、A社長の近親者（ご子息）を代表とするS社への破産申立直前の事業譲渡取引につき前述の保証金の評価を指摘されましたが、私と同弁護士が同取引の適正性と社会的意義、すなわち第二会社で事業を存続させることにより無用な従業員の失業と取引先の連鎖倒産を抑止するという社会的有用性を丁寧に説明することにより、会社の破産手続は6ヶ月という短期間で無事終結しました。

さらに、S社は破産申立時点で、事業停止した小売直販事業の従業員に対する未払給料と未払退職金を抱えていましたが、代理人弁護士が破産管財人に未払賃金の立替払制度の申請を依頼したことにより、同未払金は独立行政法人労働者健康安全機構から元従業員に支払われることになりました（8割程度でしたが）。

しかしながら、前述2ページ(2)の通り、S社の破綻原因の一つにメインバンクが優越的地位の濫用により強引に契約させた為替デリバティブの損失（2億円）問題があったこともあり、メインバンクに対する怒りからA社長は個人としての破産申立てを拒否し続け、後述するように社長の連帯保証債務は別の手法により債務免責（消滅）の道を取ることになりました。

(6) 第二会社での再生と自宅（財産）の買戻し

会社の破産手続の終結は「再生の出口」に辿り着いただけであり、再生の最終目標は第二会社が事業会社としての軌道に乗ることと、ご子息が弊社との買戻契約を履行してA社長の自宅（財産）を弊社から買い戻すことです。

幸い第二会社の社長となったご子息は旧会社の債務につき連帯保証責任を負っていなかったため、金融機関からの融資を容易に受けることができ、運転資金に苦しむことなく時流に乗って小売IT通販事業を順調に伸ばし、会社の破産手続終結から2年ほど経過した頃に弊社から自宅（財産）を買い戻すことになりました。

(7) 社長個人の債務免責（消滅）の過程

前述の通り、会社の破産手続を実施する際に、裁判官から会社代表者の破産申立ての有無を問われましたが、メインバンクから負わされた2億円の為替デリバティブ損失の怒りが晴れず、自らの破産申立を拒否することとなりました。

もちろん裁判官がA社長に問うた通り、社長個人が自己破産をするか否かは社長の判断に委ねるものであり、それは強制されるものではなく、債権者からの執拗な督促から逃れたいと願う場合や将来経済的に復興し金融機関からの借入を行いたい場合、さらには親の相続が予定されていて将来相続財産を得たいという場合などは、社長個人の自己破産手続は必須です。

しかしながら本件における社長は高齢であり、社長自身にはさしたる財産もなく、収入源も年金しかないため、弁護士から年金受給権は差押禁止財産であることから無理に破産する必要がない旨の助言を受け、しかも社長が負った連帯保証債務（遅延損害金があるため6億円弱）と個人が借りたカードローンや消費者金融の債務（1000万円強）は、社長が債務確認を拒否し支払いを一切せず債権者が訴訟提訴をしない限り、民法166条の債権消滅時効により、最後の支払日から5年を経過した時点で法的債務は消える旨の説明を受け、結果的に破産しないこととしました。

もちろんA社長は、債権者から執拗に文書による督促を受けるほか、自宅に訪問されるなどの督促行為に当初は苦しむこともありましたが、もとより支払いができないものは支払うことができず、時の経過により上述の5年の債権消滅時効が成立し、弁護士から順次「時効の援用通知書」を各債権者に送付することにより債務の消滅が確定しだしたのです。

そんなある日、久々にA社長から連絡があり、メインバンクの系列サービサーから文書で和解の提案書が送付されてきたとの連絡がきました。

私はあと数ヶ月で他の債務同様、5年の債権消滅時効を迎えるので放置するよう助言しましたが、前述の通りメインバンクへの連帯保証債務については為替デリバティブ取引の損失問題への怒りもあり、安価での和解であればスッキリしたいと言い出す始末でした。

ちなみにメインバンクに対する連帯保証債務は3億円で、これに遅延損害金を含めれば4億円近い状況でサービサーと交渉しても埒が明かないと思いましたが、A社長がどうしても和解をしたいということでしたので、1回だけ和解交渉を行い、埒が明かない場合は放置してあと数ヶ月に迫った債権消滅時効を待とうということになりました。

A社長の財産状況を考慮すると、私はこちらの和解条件は1年分割払いで50万円、一括払いで30万円くらいが精一杯ではないかと思い、A社長がその旨をサービサーに回答したところ、驚くことに即決で後者の一括払い30万円での和解案をサービサーが受諾してきたのです。

サービサーからすれば、数ヶ月後に債権消滅時効するならば1円でも多く回収した方が得策だという経済合理性が働くのは当然といえば当然ですが、天下のメガバンクの系列サービサーが額面債務の1000分の1以下でわざわざ和解を受け入れるとはと、私もA社長も驚きつつも、和解文書の最後の文言である「和解金の支払いにより両者間に債権債務が一切存在しないことを確認する。」という一文に私も社長も安堵したことを今も鮮明に覚えています。

顧問税理士からの相談依頼からA社長個人の債務免責（消滅）まで、およそ7年の年月を経て、私の事業再生支援の信条である「社長の事業・財産・生活を合法的に守り切る」は、当初の想定通り達成されたものですが、毎度思うことは、社長は私が提唱する再生支援策に巡りあえて幸運だったということです。

事業再生支援の中身はもちろん個々に異なるものであり、成功の難易度や支援期間など違いはあるものの、この再生事例のような「嘘みたいな本当の話」を積み上げて再生支援を行えば、指を咥えて自らの会社・人生を失っていく人生を送るよりも、はるかに望ましい結果が待ち受けているということを一人でも多くの人に知ってもらいたいのです。

諦めるのは早すぎる！　社長さんは「今、打つべき手」を知らされていないだけ

本書の「改訂にあたって」でも述べましたが、自主再生困難な会社の事業再生局面については、「嘘みたいな本当の話」がゴロゴロ存在します。そして、この話をいくつか積み上げていくと、先ほどの外科型再生事例のように我が国の（倒産）法制度の下では、会社の債務と社長さんの連帯保証債務はものの見事に合法的に除去することができ、再生可能な事業についても金融機関（債権者）の承諾を得ることなく、社長さんが信頼できる者（親族等）が代表を務める会社に合法的に譲渡することができます。また、最大の懸案である債務の除去と事業の存続・再生、そして社長さんの自宅（財産）の維持・保全が現実のものとなるのです。

先ほどの再生事例でお伝えした「嘘みたいな本当の話」のポイントを列挙すると、次のようになりますが、このことを本書を手にしていただいた社長さんと顧問税理士先生は、どれだけ知っているでしょうか？

①　大半の税理士は事業再生の経験どころか専門知識すらまったく持ち合わせておらず、自ら

が専門外の分野のため、金融機関の言いなりになりやすく、会社が結果的に倒産するのを指を咥えて待たざるを得ないのが実情である。

②　破産申立前に近親者が代表を務める会社に事業を譲渡しても、裁判所（破産管財人）は譲渡価格が適正であれば、「無用な雇用の喪失と取引先の連鎖倒産を抑止する」という観点から事業譲渡取引を積極的に容認する（社長の自宅の譲渡・賃借・買戻しも同様である）。

③　裁判官や弁護士である破産管財人は法律の専門家であり、会計の知識が想像以上に乏しく、会計専門家の事業譲渡価格の算定過程については積極的に採用する傾向にある。

④　金融機関は貸金業者であるため、弁護士が債務整理の受任通知を送付した後は債務者、すなわち社長に直接督促することが貸金業法で禁止されている。

⑤　「会社の経営破綻（倒産）＝破産」ではない。会社も社長個人も破産するか、しないかはそれぞれの自由であり、強制されるものではなく、破産が有利であれば実行すればよいという程度のものである。

⑥　社長の連帯保証債務は破産手続により免責されなくても、債権者が裁判を起こさず、社長が債務確認もせず最後の支払いから5年が経過すると民法166条の債権消滅時効（「時効の援用」が要件）で法的債務が消滅することになる。

⑦　事業譲渡価格は、譲受資産と譲受債務の差引きで算定されるので、譲受債務を明確に算定できれば、おのずと事業譲渡価格は想像以上に安価となり、少額での事業譲渡取引が可能となる。

⑧　東京地裁には、通常の破産手続と少額管財制度による破産手続の2種類があり、後者の場合は裁判所への予納金が20万円と低く抑えられ、なおかつ、破産管財人の財産調査（管財手続）も簡易なものとなり、早期に破産終結を迎えることができる。

⑨　事業再生の局面における弁護士は、「倒産法に精通した弁護士」が必須であり、弁護士であれば誰でもよいというわけではない、すべては弁護士の事業再生に対する信条と志が重要である。

⑩　破産手続における本店所在地や会社の商号は破産申立時点の登記簿に依拠するため、事業再生支援スキームの中で変更することが可能である。

⑪　第二会社が事業譲渡取引に起因し、旧会社の債権者から第二会社へ債務の弁済を求められないための登記制度（会社法22条）がある。

⑫　会社の事業が破綻した場合は、労基署に認定を受けることにより従業員に対する未払いの給料と退職金は国（労働者健康安全機構）が8割程度を立替払いしてくれる制度がある。

これらのことが断言できるのは、私自身が会社の負債50億円と5億円の個人債務を抱え、その倒産処理と除去に5年の年月を要す中、自らの資格（公認会計士・税理士）を守ったことにより事業を再生することができ、しかも民事再生手続により住宅ローン付の自宅までも債権者に取られることなく守り切ったという奇跡的な経験をしたことにあります。そして、この10年間で50社以上の外科型再生支援を勇猛果敢に行う中、その支援業務の中で前述の「嘘みたいな本当の話」、言い換えれば「再生するための極意」を会得するに至ったのです。

それ故、私のところに駆け込んできた50数社の社長さんは、私の助言のもとに「嘘みたいな本当の話」を冷静に積み上げ、「今、打つべき手」を知らされ、第二会社での事業存続・再生を決意しました。そして、私と協業する倒産法に精通した弁護士との三位一体で、会社と社長さんの債務除去を経て、事業の存続・再生を果たし、なおかつ多くのケースで社長さんの最も大事な財産である自宅（家族）を合法的に守りきることができたのです。

どの社長さんも異口同音に、「どうして自分の顧問税理士は何年も当社に関わっているのに、こんな手があることを教えてくれなかったのだろう」と悔しがりますが、それは税理士が悪いのではなく、明らかに専門外の問題に税理士も立場上関わらざるを得なかったというだけの話なのです。

考えてもみてください、税理士は難関資格の税理士試験の勉強に学生時代から打ち込み見事に合格を勝ち取り、合格後は税理士事務所に勤務しながらコツコツと実力をつけ、税務のプロフェッショナルとして、社長さんの会社に何年も関わっているわけです。自身の借金といっても住宅ローンや自動車ローン等をまじめにコツコツ返済している優良な債務者であるため、自らの顧問先が金融機関から「借りたカネを返せない」という非常事態に陥ったとしても、債務整理に関する何の知識も経験も持ち合わせておらず、自らのできる範囲で真面目に金融機関（債権者）と向き合い、債権者主導のもと営々と返済猶予の事務手続を一生懸命に代行してくれているに過ぎないのです。

もちろん、金融機関も税理士先生も慢性的な赤字で返済猶予を申請するような会社が自主再生できるとは微塵も思っていないのでしょうが、いかんせんどうすることもできないため、ただ単に先送りを繰り返していき、時間が過ぎ去っていくのです。

医療でいえばホスピスと同じで終末医療であり、会社が力尽きて死ぬ　すなわち倒産するのを指を咥えて待っているに過ぎないのです。

結論。要するに社長さんの周りには、事業再生支援者といっても、あなたの会社が倒産するのを待っている者しか関わっておらず、そのような状況下で、社長さんが「今、打つべき手」など知らされるよしもなかったわけです。

しかし、本書を手にされた社長さんには心からお伝えしたい、「諦めるのはまだ早い、早過ぎる。最後の手法がある」と。

本書で述べる〝最後の手法〟は、「再生の極意」を知り、それを実行した者だけが救われる世界なので、何度も何度も読み返していただき、「嘘みたいな本当の話（再生の極意）」を自らのものにして、あなたにとっての「再生の出口」をぜひとも見つけてください。その出口は必ず見つけることができます。

第1章

負債総額50億円の倒産と連帯債務5億円からの奇跡的再生経験

公認会計士の私がベンチャー企業の経営者になった理由

「米国公認会計士受験専門校のＡＮＪＯインターナショナル」（以下「ＡＮＪＯ社」）という日本経済新聞等に掲載された広告を皆様はご記憶でしょうか？

この会社は、かつて私が野村證券に勤務していた時代の同僚（安生浩太郎氏）と平成7年に起業しました。ワンルームマンションからスタートした同社は、設立5年で日本経済新聞社の日本ベンチャー企業ランキングの1位となり、全国13拠点（米国法人1社）、連結売上高30億円、未公開企業ながら株式時価総額１００億円企業に急成長したものの、２０００年9月の同時多発テロをきっかけに経営が傾き、平成18年にグループ負債総額50億円を抱えて倒産した当時の有名ベンチャー企業でした。

同社は会社設立直後より倒産当日まで日本経済新聞や朝日新聞等に毎日のように広告を掲載していたため、ご記憶のある方も少なからずいらっしゃるのではないでしょうか。

私は倒産直前期までこの会社の財務担当の取締役副社長であったため、経営者として5億円の

図表１－１　著者の債務減額スキーム

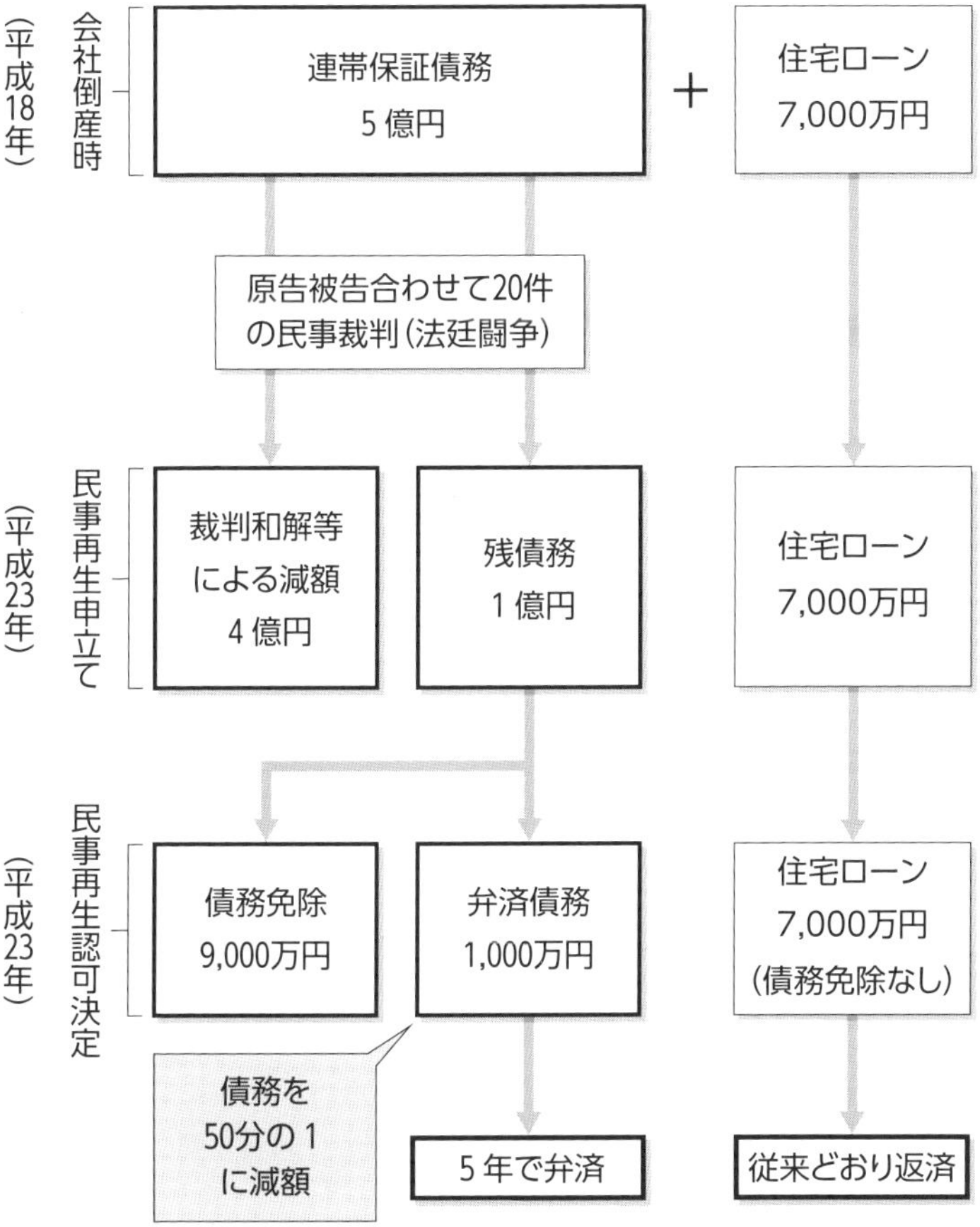

民事再生法

民事再生法は平成12年に従来の和議法に代わって施行された法律。経済的に窮地に陥った法人または個人（事業者を含む）の債務につき一定の割合で減免するもので、債務者は残りの債務を再生計画認可後の収入（可処分所得）を原資として3年から5年の期間をかけて返済することにより、事業または経済生活の再生を図るという倒産法の制度。

連帯保証債務を負い、自己破産必至の状況に追い込まれました。しかし、5年にわたる膨大な倒産手続と、原告・被告を合わせて20件の民事裁判を経て、平成23年に**民事再生法**を申請し、同債務を50分の1である1000万円に減額、さらに、同手続により住宅ローン付の自宅と公認会計士・税理士の資格を守るという奇跡的な再生手続を経験したのです。

一流の経営者の一言が私の人生を変えた

公認会計士である私がベンチャー企業の起ち上げになぜ携わったかというと、警備業界最大手のセコム創業者である飯田亮氏のある言葉が、私に大きな影響を与えたからです。父がセコムの創業役員であった関係で子供のころから飯田氏に大変お世話になっていた私は、昭和63年に公認会計士2次試験に合格した折、父に連れられ飯田氏のところに合格報告に伺いました。

するとそこで、飯田氏より開口一番、

「会計士なんか、つまらんぞ！」

といわれ、その場で就職の決まっていた監査法人を辞退し、半強制的に野村證券に入社させられるという異色な会計士人生のスタートを切りました。

野村證券では経理に配属され、トヨタを抜き経常利益日本一になった平成元年の決算などを担当しました。そこで私が見たものは、株価を押し上げるために、無謀な情報戦略を行い、ワラント（新株引受権）などのハイリスク・ハイリターン商品を営業マンに課し売らせるための強烈なノルマと無謀な営業戦略でした。

案の定、平成2年の湾岸戦争勃発からバブル経済は崩壊の兆しが見え始め、上がり続けた株価はみるみる下がっていく中で、私の父も自宅を担保にしてまで同社の営業マンの言いなりに株式投資をした結果、大事な自宅を失うはめになり、私は冷めた思いで同社を退社することとしました。

そして、同社を退職して監査法人に転職した私は、数々の財テクに失敗した上場企業の粉飾決算の監査に直面し、粉飾行為を見逃す上司や監査法人と激しく意見を対立させました。その結果、私は監査という業務に対して大きな疑念を抱くこととなり、前述の「会計士なんか、つまらんぞ！」という飯田氏の言葉の意味を嫌というほど痛感したのです。そして、6ヶ月に及ぶ出社拒否の後、粉飾決算を是正させると同時に監査法人を退職し、その後、ベンチャー企業の経営者に転身することになったのです。

残念ながら、令和5年1月7日、日本になかった警備産業を開拓し、一代で同社を同業界で圧倒的1位の1兆円企業に成長させた稀代の起業家・経営者であられた飯田氏が89歳でこの世を去られた。心からご冥福をお祈りするとともに、「無から有を生む起業家精神」を私も微力ながらも実践していきたいと思う次第である。

訴額30分の１での和解

3億円の迂回融資をめぐるメガバンクとの法廷闘争

個人債務5億円をその50分の1となる1０００万円に減額するという奇跡的な債務整理の過程は、原告・被告合わせて20件に及ぶ民事裁判の過程そのものでした。

私の倒産処理裁判の中で最も激しい法廷闘争となったのは、某メガバンクから訴えられた3億円の連帯保証債務の貸金請求訴訟でした。

ＡＮＪＯ社時代、株式上場に向けた資本政策としてA社長の新株引受権の行使資金3億円の資金調達案件がありました。当初、そのメガバンクはA社長の資産管理会社に直接融資する予定でしたが、同社がペーパーカンパニーという理由で本部審査に引っかかり、融資担当者が泣きついてきました。

当時、私はＡＮＪＯ社とは別に会社を経営していました。

図表１－２　迂回融資スキーム

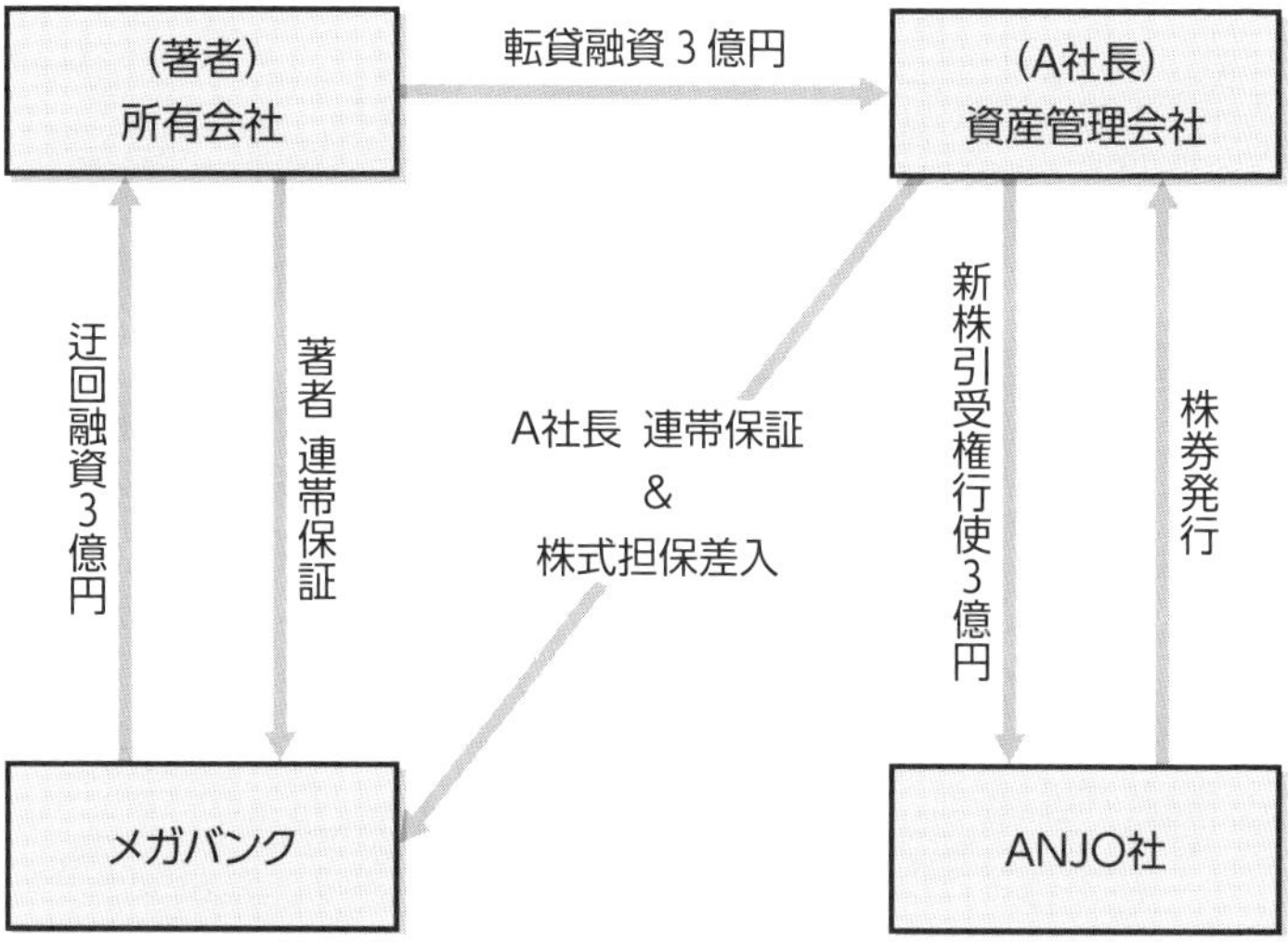

融資担当者によれば、資産管理会社では融資ができないので、同社のビル内でコンビニエンスストアを経営していたに過ぎない私の会社に３億円を融資し、同資金を資産管理会社に転貸することで、新株引受権の行使資金に転用するという融資案件でした。今では考えられませんが、まさに迂回融資そのものでしたが、当時の銀行業界では当たり前のように行われていました。

もちろん、同融資は迂回融資元の代表者であった私の連帯保証を求めるものであったため、ＡＮＪＯ社の役員や財務部長らは同融資案件に反対し、何度も制止されました。しかし、Ａ社長と融資担当者からの強い要請と、同社のナンバー2の立場として、日本の名だたるすべてのベンチャーキャピタルが出資している同社の上場計画を頓挫させるわけにはいかないとの思いで、迂回融資と名義貸しに過ぎない連帯保証を応ずることにしました。

しかしながら、融資は簡単なもので、融資金の3億円はメガバンク内で開設した3社の預金口座を通帳記録として付け替え処理されるだけであり、融資を受けた私の会社は、3億円の入金と同時に出金処理されたため、1円たりとも使うことなく目の前を3億円が通過しただけでした。そして、この迂回融資の連帯保証責任がＡＮＪＯ社の倒産後、訴訟で争われることになったのです。

融資の経緯はどうであれ、私自身も連帯保証人としての致命的な責任が避けられないことは十分に認識していました。しかし、そのメガバンクにより、ＡＮＪＯ社も当時問題となった「優越的地位の濫用」によるデリバティブ取引で多大な損害を被っていたこと、また、場当たり的な融資姿勢に納得がいかず、法廷で争うこととしました。

メガバンクが融資稟議書の提出を拒んだ結果、訴額の30分の1で和解が成立

訴訟では、本件融資が迂回融資であるか否かに裁判官の関心が集まり、メガバンク側は何と4人の弁護団を組成するほどの力の入れようで、第一審の審理は2年にも及びました。

その過程においては、本人尋問・証人尋問手続も行われ、私と融資担当者が同時に証言台に立たされ、裁判官の前で一緒に宣誓供述するという非常に滑稽なシーンもありました。

そして、訴訟が最終局面まで進行した段階で、裁判官は本件融資が迂回融資であるとの心証のもと、メガバンク側に融資稟議書の提出を強く求めました。ところが、メガバンク側が頑なに拒否したため、事態は一気に原告（メガバンク側）敗訴の流れとなりました。その結果、被告主導の和解手続となり、最終的には訴額の30分の1である1０００万円（確定債務は5０００万円）の分割払いという奇跡的な和解が成立することとなりました。

この和解により私が負った5億円の連帯保証債務は大幅に減額されることになり、その数年後の民事再生手続への道を切り開いたのです。

倒産法（民事再生法）で生活と財産（自宅）を守る

土壇場になって知った倒産法（民事再生法）の利用価値

メガバンクとの3億円訴訟での奇跡的な和解により、事実上の支払額はメガバンク系サービサーへの1000万円となったものの、形式的な債務額は5000万円ほど残っていました。

また、メガバンクを除く債務と連帯保証債務の合計額は当初2億円ほどありましたが、親族からの借入による一括返済を条件に債権者と和解を進めたところ、気がつけば5000万円ほどの債務額に減っていました。

したがって、ANJO社の倒産時点で5億円程度あった私の債務は、5年に及ぶ法廷闘争と和解手続により1億円程度にまで減額されていたのです。

それでも、約1億円の債務を短期間で返済するすべなどどこにもなく、やはり最終的には自己破産の道を取るしかないと腹をくくっていたところ、ある日、代理人弁護士より、

「橋口さん、債務額が1億円程度ならダメモトで民事再生法を申請してみませんか？」

という助言をいただきました。

民事再生法が適用されれば生活・財産(自宅)が守れる

私も5年間の倒産処理手続中、個別の案件についてはは債務額の減額に向け、必死になって債権者と交渉してきましたが、実は最終的な「再生の出口」についてまでは、正直何も考えていませんでした。

したがって、弁護士のいうダメモトとは、何がダメモトなのかもさっぱりわからず、私は、**「その民事再生法が適用されれば、私の債務はどのように整理され、私の資格（公認会計士・税理士）はどのようになるのですか？」**

と、今では考えられないような初歩的な質問をしました。

すると弁護士は、

「民事再生手続を申請して、過半数の債権者が同意してくれれば、1億円の債務は1000万円ほどに減額され、資格も自宅も失わずにすみます」

図表１－３　著者の民事再生スキーム

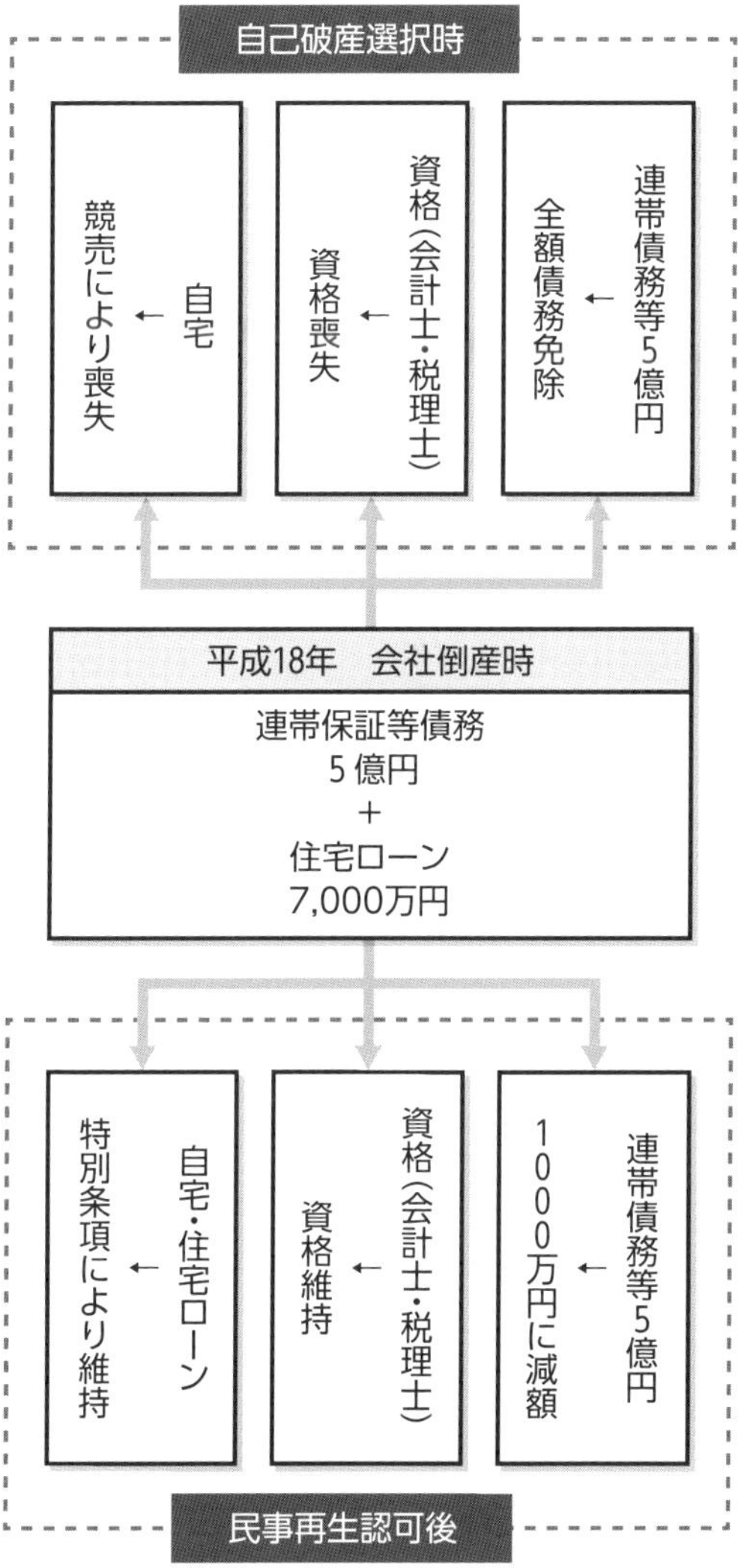

と、私の抱えている債務額の9割が債務免除され、残りの1000万円を数年かけて分割弁済すれば、資格は守ることができ、これに住宅資金特別条項というオプションを適用することにより、自宅（住宅ローン付ですが）はそのまま残せるという話でした。

自己破産を覚悟していた私にすれば、債務者にとってこんなに都合の良い、債務整理手続が認められるのなら、それこそダメモトでやるだけやってみて、結果的にダメなら自己破産して一から出直そうと割り切れる内容でした。

債権者の同意を簡単に得られない民事再生手続の実情

第4章で詳しくお話ししますが、この**個人民事再生手続**については、実は債権者の同意を得ることが一筋縄ではいかず、大変苦労しました。

なぜならば、民事再生手続では、債権者集会において債務者が策定した再生計画案（弁済計画案）を、債権者より「債権額基準」と「債務者数基準」の両方で過半数の同意を得なければならないからです。

私のケースでは、主たる債権者が前述の3億円訴訟で争ったメガバンク系のサービサーと日本

個人民事再生手続

個人民事再生手続は、債務額が5,000万円以下の個人を対象とし小規模個人再生と給与所得者等再生の２種類がある。

小規模個人再生においては債権者の過半数の同意が必要であるのに対して、給与所得者等再生においては債権者の同意を必要とせずに裁判所の職権で最大９割（債務額が3,000万円超5,000万円以下）の債務免除を得られるという債務者にとって極めて有利な債務整理手続である点が特徴。

図表１－４　民事再生手続における債権者可決要件

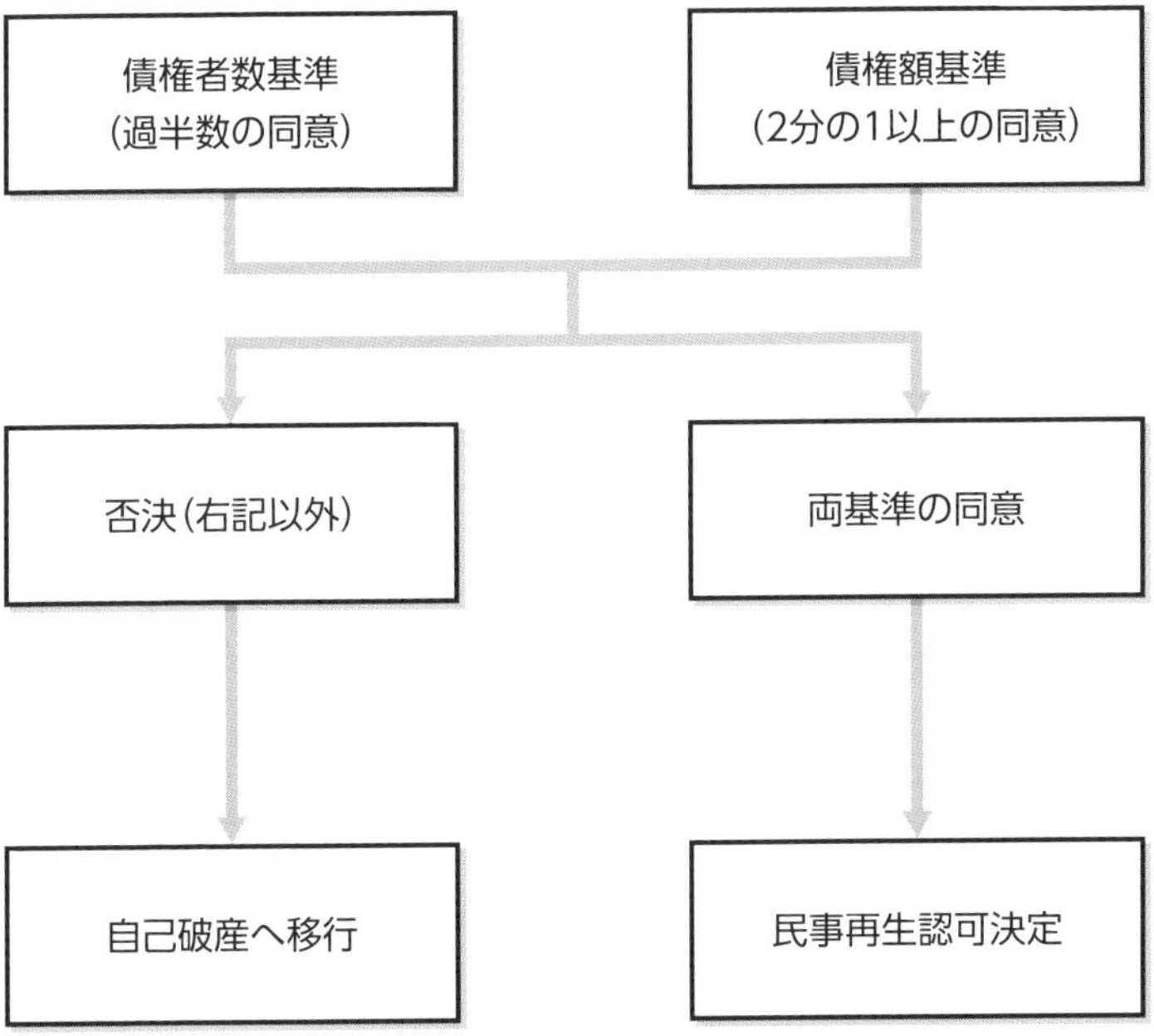

政策金融公庫（以下「公庫」）の2件でした。前者は2年間に及ぶ法廷闘争の相手であり、不本意な和解に応じたため、更なる債務免除に応じる気配がなかったことと、後者の公庫については、公的機関であるため原則として債務免除に応じないことを代理人弁護士より知らされていたので、この2社に反対されれば民事再生手続の可決の道はない状況でした。

案の定、公庫については再生計画案の説明をするまでもなく、早々に民事再生手続に反対（自己破産を示唆）の旨を表明されたため、おのずとサービサーとの事前交渉にすべてをかけるしかなくなりました。

サービサーについては、彼らはもともとの債権者ではなく、当初の債権者より安い価格（債権額の数％程度）で買い取ったに過ぎないため、私の再生計画案についても賛成票を投じる可能性は高いと考えていました。しかし、実際に代理人弁護士と説明に行くと、「弁済率（債務に対する返済率）が低い」とか、「親族からの債務は事前に放棄させろ」などの要求をするばかりで、結局、最後まで賛成する旨の確約を得ることなく、債権者集会の当日を迎えることになりました。

金融機関は経済合理性で再生計画案に賛成する

しかし、サービサーにとっては、私が自己破産手続を取ることになっても債権は1円たりとも回収できないわけであり、9割カットであろうと何割カットであろうと常識的な債務免除の範疇であれば「経済合理性」を優先して賛成票を投じるだろうと代理人弁護士から伝えられていたため、不安ながらも自らの再生計画案の可決を信じていました。

結果的には、公庫以外の債権者から賛成票（同意）を取り付け、「債権額基準」で2分の1以上の同意と「債権者数基準」で過半数の同意を得ることができたため、平成23年6月、私は東京地裁より民事再生手続の認可決定を受けることになりました。

これにより、私の債務1億円は9割免除の1000万円となり、これを5年で弁済することとなりました。さらに、自己破産手続になれば登録抹消を余儀なくされていた公認会計士・税理士の資格もはく奪されることなく継続できることになりました。

そして、おかしな話ですが、他の債務は9割の債務免除を認めてもらいながら、7000万円近い住宅ローンは従来どおり払い続けてよい、すなわち、自宅を手放さずにすむことになったのです。

自らの倒産・再生経験を活かした再生支援会社の設立

会社が傾いて10年目、倒産して5年目の奇跡的再生

平成18年6月のＡＮＪＯ社の倒産（破産開始決定）よりちょうど5年目の平成23年6月、私は民事再生法の認可決定により、前述のとおり自らの資格（事業）と生活・財産（自宅）を守り切るという奇跡的な再生経験をしました。

負債総額50億円の倒産処理はまさに民事裁判をはじめとする法廷闘争の連続であり、私は民事裁判が「訴える側よりも訴えられる側が有利」であることや、「大半の民事裁判は和解で終わる」という実態を知ることとなりました。

社長さんに「再生の出口」を示せない再生支援者たち

そして、民事再生法という債務者にとって誠に都合の良い魔法のような債務整理手続が存在すること、また、破産法や民事再生法等の倒産法を駆使すれば、経営難に陥った社長さんを倒産の苦しみから救い、会社の事業と社長さんの生活・財産（自宅）を守り切ることができるのではないかと、心底思うようになりました。

しかし、市販されている事業再生に関する本には会社分割を利用した濫用的な事業再生手法を掲げる程度のものしかなく、なぜ、もっと究極的な再生手法を指南する書籍が存在しないのかと、強い疑問を抱きました。しかし、答えは簡単でした。

それは、誰も経験に基づき確立された明快な再生手法を持ち合わせていないということなのです。

私も多くの弁護士や事業再生のプロという方々と何年も関わり、ＡＮＪＯ社の再生に向け、また、自らの自己破産の恐怖から逃れたいがために、再生のための議論を繰り返してきました。しかし、誰一人として全体を見通した「再生の出口」を指南してくれる方はいなかったのです。

「再生の出口」を誰も知らないなら、自分が伝えるしかない

そこで私は、自らの倒産・再生経験を経営難に苦しむ社長さんに赤裸々に語り、現実的・具体的な「再生の出口」を指南する再生支援会社の設立を決意したのです。

そして、平成24年7月3日、株式会社東京事業再生ERを設立し、全国のリスケ企業の事業とその社長さんの生活・財産（自宅）を守り切る第二会社方式による外科型（法的整理を前提とするという意味）再生支援業務を開始しました。

それから、はや10年という月日が過ぎました。まったく無名な会社からスタートし、設立から5年間は、自らも民事再生期間中（ブラックリスト掲載者）ということもあり、1円たりとも金融機関などからの与信が得られない厳しい環境下でした。しかし、私の再生支援ビジネスに共感していただいた方々の支援により、自らの再生支援ファンドも創設でき、このファンドを組み合わせた再生支援スキームにより、これまで50件以上の再生案件を手掛けてきました。その案件のうち、社長さんの自宅（事業用不動産含む）についても、数千万円から数億円の買い戻し案件を実行し、競売必至の自宅を社長さんの親族に売り戻すことに成功するところまで再生支援事業は成功してきました。

自宅（家族）を守れるなら社長さんも決断できる

私が再生支援の過程で強く感じることは、どの社長さんも自らの事業を守りたいのは当然ですが、もっとも守りたいものは、実は自宅なのです。自宅は自らの城であり、そこには家族というかけがえのない存在があるからです。正直、自宅を失ってしまうと「再生の出口」への指南は困難です。

これを、逆にいえば、「**自宅（家族）を守るために、社長さんも外科型再生という厳しい決断ができる**」ということなのです。

本書では、この後も何度も何度も50万社といわれるリスケ企業の再生支援環境の不備を指摘します。それは、行政も金融業界も再生支援という極めて重要な中小企業対策において、社長さんの自宅（家族）を守るという視点が欠けているため、多くの社長さんたちが決断できずにいるからです。

この視点なくして、「早期の再生支援も転廃業支援」も何ら実効性はありません。

なぜなら、社長さんたちは、「**自宅（家族）を守るために、外科型再生という厳しい決断を下す**」からなのです。

第2章

リスケ企業の社長さんを生殺しにする再生支援者たち

中小企業金融円滑化法がもたらしたものとは

40万社のリスケ企業と50兆円の隠れ不良債権の発生

平成21年12月、**中小企業金融円滑化法**が施行され、金融機関への借入金の返済に窮した中小企業は、一定の条件のもとで元金の返済猶予（リスケジュール）をしてもらえるようになりました。

これにより資金繰りに苦しむ多くの中小企業が同制度を申請するようになり、申請したほとんどの会社が借入金の返済を猶予してもらえることとなりました。

そして、同法が期限切れとなった平成25年3月末時点においては、なんと約50万社の中小企業がリスケ企業として取り残され、約50兆円の借入金が金融機関の「隠れ不良債権」となり、わが国の中小企業問題はより深刻な事態を迎えることとなりました。

中小企業金融円滑化法

平成21年12月、当時のリーマンショック後の不況による中小企業の資金繰りを緩和するため、金融庁が金融機関に対して、返済期間の延長や金利の減免など貸付条件の見直しに応じる努力義務を課した時限立法のこと。

この法律は平成25年3月に期限切れとなったため、その時点で50万社の中小企業が約50兆円の返済困難な借入金を抱えた状況に陥ったといわれている。

金融機関への返済猶予だけでは立ち直れない現実

確かに資金繰りに苦しむ中小企業にとって、借入金の返済が猶予されること自体は大変にありがたいことであり、一時は資金繰りが楽になり一息ついたことと思います。しかし、猶予を申請する会社はそもそも慢性的な赤字経営を続けているわけですから、金融機関への元金返済を猶予されたとしても、よほど抜本的な経営改善計画が実行されない限り、資金繰りは悪化の一途をたどるだけです。それに伴い、社長さんの首が資金繰りで日に日に締めつけられていくことはいうまでもありません。

言い方が悪いかもしれませんが、中小企業金融円滑化法は、金融機関の中小企業に対する不良債権処理を単に先送りするだけの効果しかなく、資金繰りに苦しむ中小企業の抜本的な経営改善を促すものにはなり得ません。つまり、この施策により、以後今日に至るまで、リスケ企業の社長さんは「猶予の延長」

の繰り返しによって、生殺し状態にさらされることとなったわけです。

図表２－１　リスケ企業の資金繰り悪化経緯

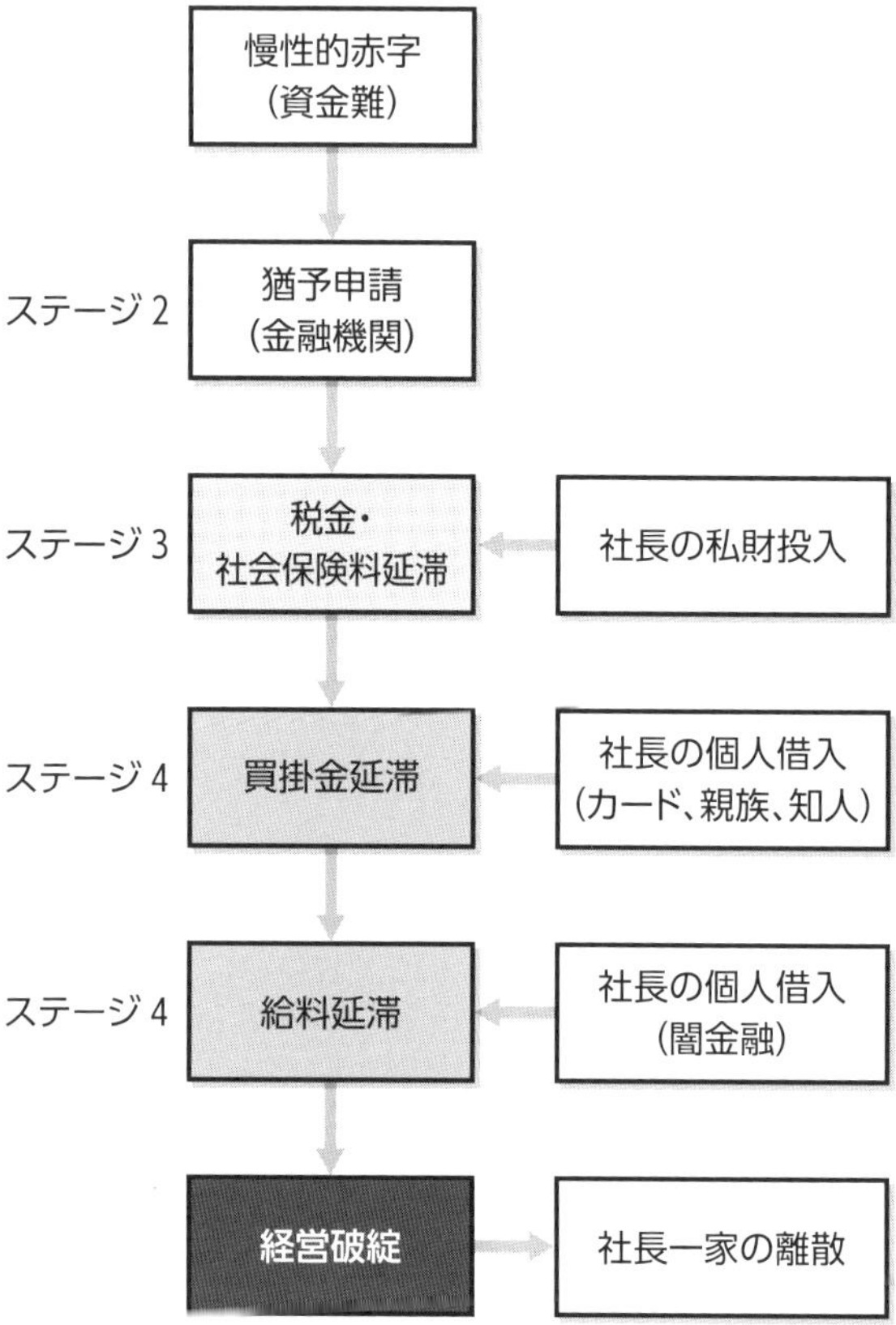

支援機関認定制度で多くの税理士が再生支援に参入

約2万人の税理士等が再生支援事業に参入

時限立法であった中小企業金融円滑化法は、2度にわたり実施期限を延長することとなりましたが、長引く不況や東日本大震災の影響により中小企業の経営改善に資するに至らず、単なる金融機関の不良債権処理の先送り手段にしかなりませんでした。

その事態を受けて、国（中小企業庁）は同法が期限切れとなった平成25年3月になり、ようやくリスケ企業の抜本的な経営改善を目的とした再生支援制度、いわゆる**経営革新等支援機関認定制度**を創設しました。この制度は税理士を中心とした職業専門家らに補助金を交付して、リスケ企業の再生支援を推進するという施策です。

その結果、約2万人の職業専門家（税理士、公認会計士、弁護士、中小企業診断士、金融機関等）が認定支援機関となり、短期間の認定支援機関の研修を受講することで、約40万社といわれるリ

経営革新等支援機関認定制度

長引く円高不況やリーマンショックによる中小企業の経営環境の悪化に対して、中小企業支援の担い手を認定する制度を平成24年8月に「中小企業経営力強化支援法」により創設したもの。

この制度により約3万人の税理士等が認定支援機関として登録され、国の補助金事業として中小企業金融円滑化法の適用期限が到来した後のリスケ企業の経営改善計画策定事業に取り組むこととなった。しかし、リスケ企業の再生支援事業においては、ほとんど有効に機能していないのが実情である。

スケ企業の再生支援業務に携わることとなったのです。

99%の税理士が「再生支援の素人」という厳しい現実

「税務のプロ」と「再生のプロ」は畑違い

認定支援機関には、前述のとおり約3万人の職業専門家が登録されましたが、税理士が大多数（約8割）を占めることになりました。

税理士は資金繰りに苦しむリスケ企業の経営に関し、税務顧問として長年にわたり深く関わっており、資金繰りが悪化した要因を熟知しています。また、それだけではなく、社長・従業員とも意思疎通の図れる専門家として、国から白羽の矢を立てられ「再生支援の旗手」と期待されたのも無理はありません。

私も当時在籍した税理士法人で認定支援機関の一員となりました。全国で認定支援機関の研修が開催され、新たな収益事業分野が拡大されると期待した多くの税理士も同研修に熱心に参加していました。

私は前述のとおり、ＡＮＪＯ社の経営者として倒産を経験しています。また、自らの５億円の連帯保証債務も５年間の法廷闘争により奇跡的に再生した経験を有していたため、経験者の視点から認定支援機関の研修がどのような事業再生ノウハウを指導するのだろうかと大変興味をもって臨みました。

スタートから間違っていた認定支援機関制度

ところが、その研修で講師を務めていたのは、なんと大手監査法人の企業再生部門の公認会計士でした。そこでは、民事再生法を適用したＪＡＬの再生話など、まさに彼らが日ごろ行っている大企業向けの高度な企業再生支援手法を延々とレクチャーしていたのです。受講していた税理士も自らの顧問先である中小零細企業の事業再生支援に、公的資金や金融機関からの大幅な債務免除が認められるのだろうかと疑念を抱きながら聴講している姿を目のあたりにしました。

私はその瞬間、今回の認定支援機関制度が「絵に描いた餅」に終わることを直感しました。それと同時に、中小企業の経営者として倒産の苦しみを味わった自分が、筋縄ではいかないリスケ企業に対する現実的な再生支援手法を、税理士を中心とする全国の認定支援機関の方々に伝えなければならないと痛切に思いました。そして、それから数ヶ月後には税理士向けの事業再生セミナーを開始することになったのです。

多くの税理士が口にする厳しいフレーズと税理士の実情

私の開催する事業再生セミナーは、前述の認定支援機関の研修とはまったく性格を異にし、「大企業の企業再生論」や「机上の空論」ではなく、倒産・再生の経験者として、どうすれば最も「傷を浅く」、苦しんでいるリスケ企業の社長さんの事業と生活・財産を「合法・確実」に守れるかという再生ノウハウを伝授するものです。今までに1000人以上の税理士にレクチャーをしてきました。

しかし、どうでしょう。

どの税理士も私のセミナーをとても真剣に受講してくださり、3時間のセミナーはあっという間に終わります。しかしながらセミナー終了後、受講された税理士が異口同音に口にするのが、

「橋口先生、セミナーをお聴きして、自分には先生の話される再生支援が難しくてできないことがよくわかりました」

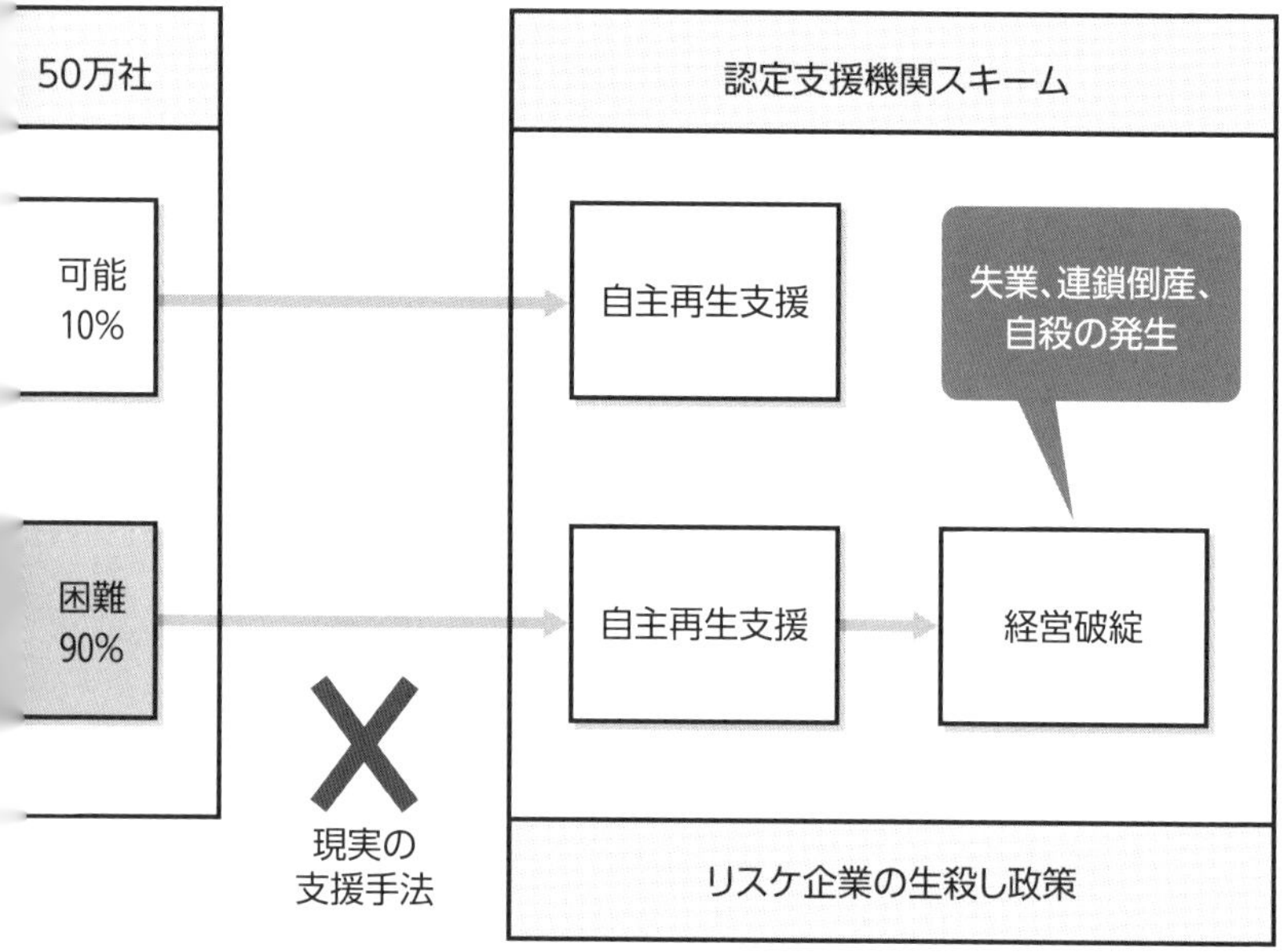
50万社
可能
10%
困難
90%
現実の
支援手法
認定支援機関スキーム
自主再生支援
失業、連鎖倒産、
自殺の発生
自主再生支援
経営破綻
リスケ企業の生殺し政策

図表2－2　再生支援をめぐる環境

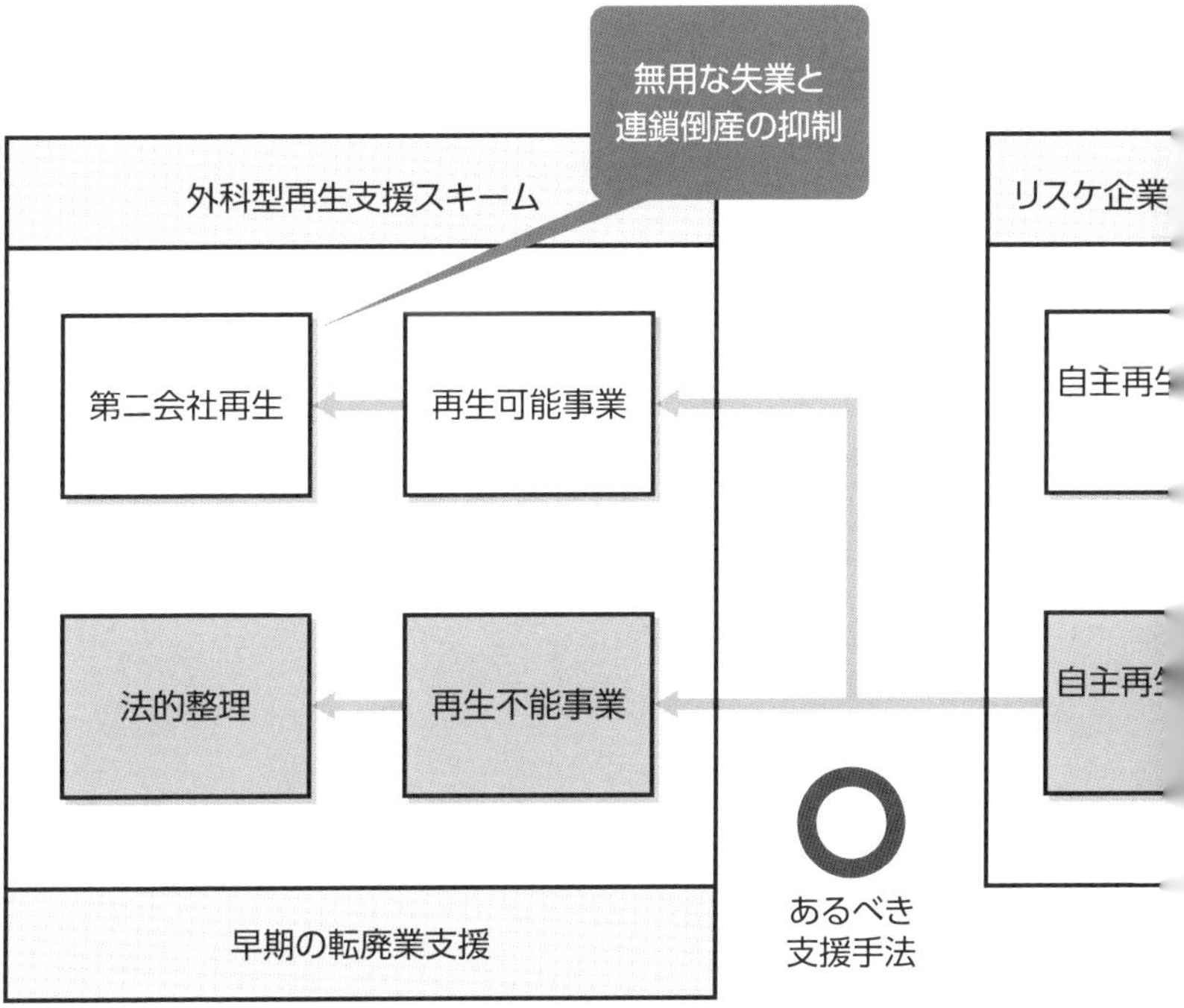

というフレーズです。

要するに、経営改善計画書の作成程度の事務的作業や、金融機関との調整役程度のことはできても、私の提唱するリスケ企業の法的整理を前提とする外科型の再生支援など、まったくの未知の分野であり、実行する「知識」も「経験」も「意志」もない旨を赤裸々に語るのです。

これが、国が「事業再生の旗手」と白羽の矢を立て期待された税理士の実情です。このような認識の税理士を頼りに、自らの会社の事業と自ら負った債務を再生しなければならないリスケ企業の社長さんの実情を考えたとき、リスケ企業の再生支援が一歩も進まないどころか、日々刻々と悪化の一途をたどり続けることが容易に想定されます。その結果、最後はリスケ企業の倒産と従業員の失業、更には取引先の連鎖倒産という悲惨な結末を招いていることを憂えざるを得ません。

私は別に悪意をもって税理士を非難しているわけではありません。リスケ企業の社長さんにとって最も身近で信頼できる再生支援者たる税理士が、実は、再生支援の厳しい現実にまったく対処できていない、すなわち、「再生支援の素人」であるという現実を、本書を読まれ、近い将来に起きるであろう経営破綻に日夜悶々と苦悩されているリスケ企業の社長さんに、誤解を恐れずにお伝えしたいのです。

金融機関は社長さんの会社が倒産しても痛くもかゆくもないという現実

中小企業の育成という公共的使命を忘れた金融機関の実情

前述のとおり、99％の税理士が「再生支援の素人」であり、リスケ企業の社長さんの期待にとても応えられていないというのであれば、社長さんは誰を頼って自らの会社の再生手続を実施すればよいのでしょうか？

金融機関も今回の支援機関認定制度で一律に登録されているので、融資元の金融機関を頼りにすればよいのでしょうか？

答えは「否」です。

確かに金融機関を所管する金融庁の監督指針などによれば、中小企業金融の主である中小・地域金融機関に対しては、**「リレーションシップ・バンキングの機能強化」**を掲げ、金融機関に単なる資金の貸し手という立場を超えて、借り手に対するコンサルティング機能の発揮を強く求めています。また、各金融機関も表面上は、経営難に苦しむリスケ企業に対する施策を実施するかのようなポーズをとっているのが現状です。

しかし、それはあくまでも表向きであり、金融機関も公的な使命を負っているとはいえ、所詮、営利を追求する法人組織です。特に地域金融機関の中核をなす地銀にいたっては上場会社なのですから、自らの銀行に出資してくれている不特定多数の投資家株主がいます。そのため、その株主の利益のために日々の経営活動を行わなければならない以上、金融庁の打ち出す指針があるからといって、借りたお金も返せないリスケ企業に返済猶予以外のサービスを提供できるはずがないのです。

貸倒リスクを負わない信用保証協会の保証付融資制度の末路

しかも、中小企業向け金融における融資形態の基本は信用保証協会の保証付の融資であり、各都道府県の信用保証協会（以下「保証協会」）が融資先である中小企業になり代り、金融機関に対して融資金の返済を保証するものです。そのため金融機関は、平成19年より実施された「**責任共有制度**」の範囲を超える融資については、リスケ企業の経営破綻に関してまったく貸倒れリスク

責任共有制度

保証協会の保証付融資制度については、従来は貸し手である金融機関は一切の貸倒リスクを負わない制度であったが、平成19年10月以降は金融機関が責任ある融資を行うことを目的として、一部の融資を除き20%の貸倒リスクを負うこととした制度。

を負わない融資制度のもとで、中小企業と関わっているのです。

したがって、金融機関の融資担当者の考えることといえば、取引先の中小企業に対して、保証協会の信用保証枠がいっぱいになるまでは、手を変え、品を変え、中小企業の資金ニーズを引き出し、貸せる限り融資を繰り返すわけです。

そして、保証協会の枠がいっぱいになった途端、今までの融資姿勢は一変し、手のひら返しで新規融資を抑制するというのが、偽らざる金融機関の融資の実態といえます。

実際、私のところに相談に来る多くのリスケ企業の社長さんが異口同音に、

「資金ニーズもないのに、銀行が借りろ、借りろというから、必要のない資金を借りているうちに、無駄な投資を行って事業が傾きだし、気がついたら資金繰りで首が回らなくなっていました」

というフレーズを口にされます。

もちろん、資金を借りたのも無駄な投資を行ったのも、相談に来られ

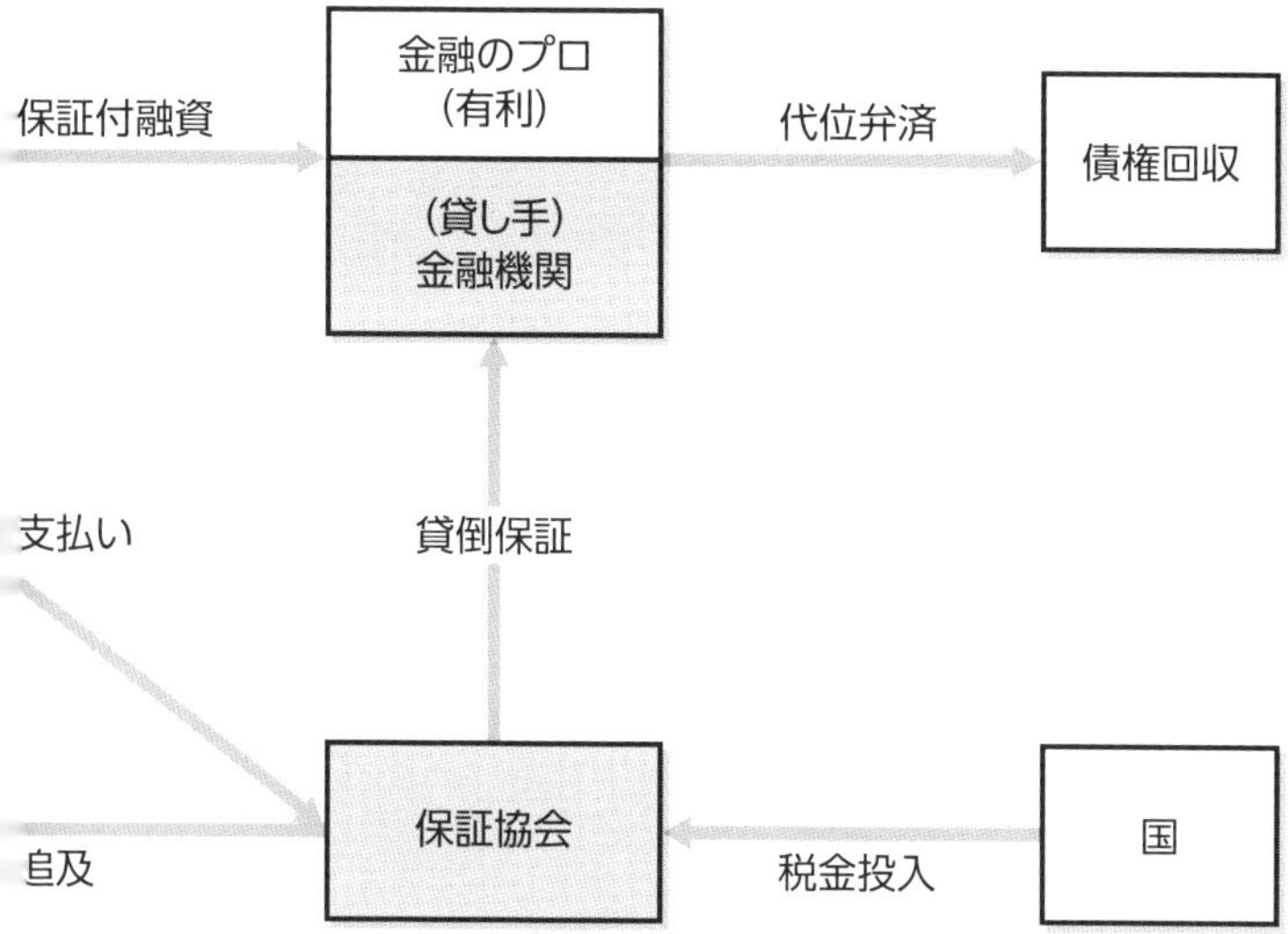
保証付融資
金融のプロ
(有利)
(貸し手)
金融機関
代位弁済
債権回収
支払い
貸倒保証
保証協会
国
追及
税金投入

図表2－3　中小企業の実態図

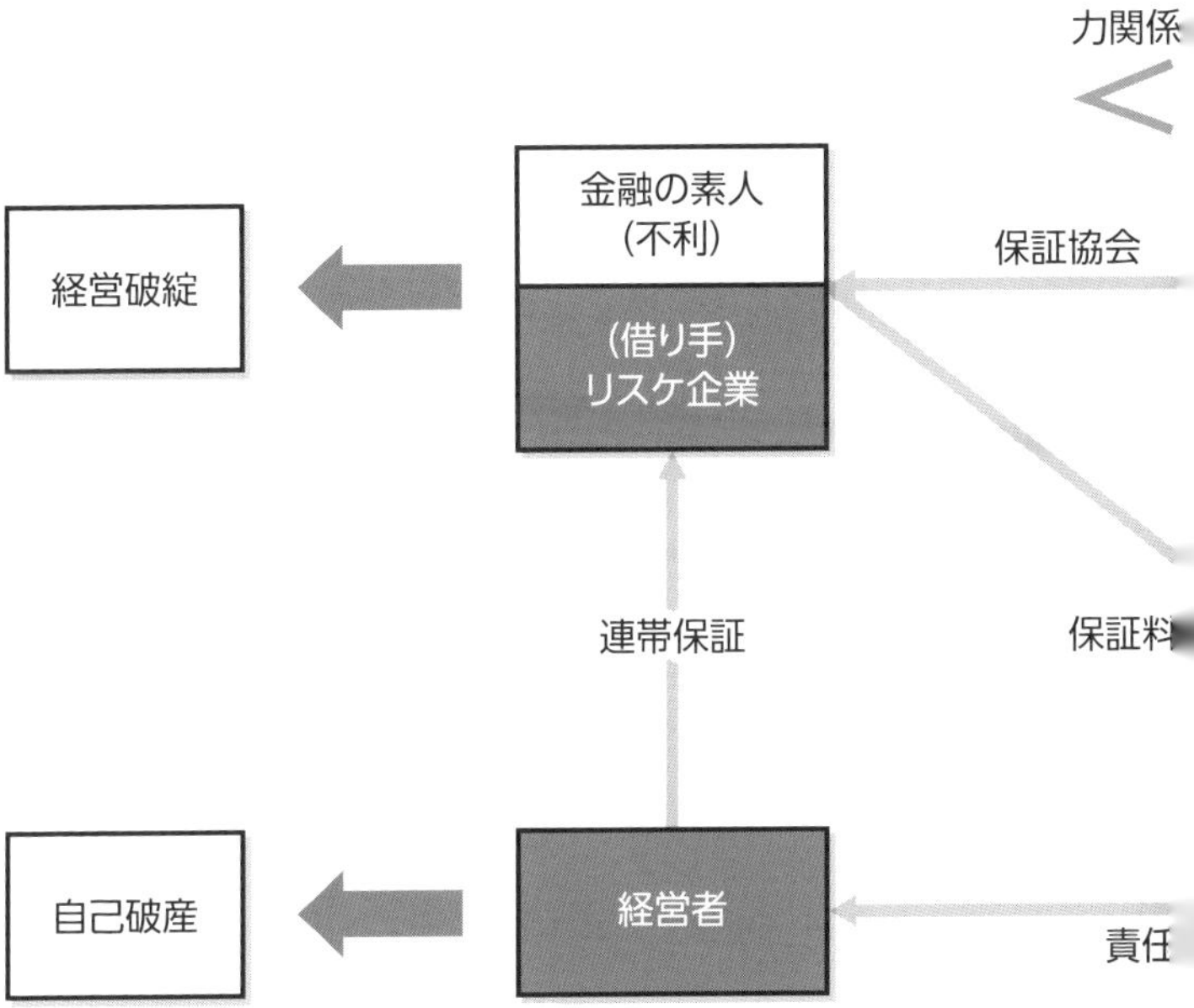

（保証協会による）代位弁済

保証協会の保証付融資について、借り手である会社が「期限の利益」を喪失したときに保証協会が会社に代わって借入金を金融機関に返済すること。

これにより、会社および連帯保証人は保証協会に対して代位弁済額と期限の利益を喪失した日から生じた遅延損害金を支払う義務が生じることになる。

た社長さんであることに間違いなく、私も自らの経験上、経営者の自己責任だと思います。

しかし、融資取引の素人である社長さんは、自ら連帯保証人として身ぐるみをはがされるまで「借り手責任」を追及されます。その一方で、金融機関は素人の社長さんをたきつけ、融資金の回収ができなくなっても、「貸し手責任」を負うことなく、焦げついた不良債権は保証協会から「**代位弁済**」を受け、何ら腹を痛めることのない現状の中小企業金融を取り巻く環境に限界があるのだと私は思います。

話が長くなりましたが、ここまで書けば、金融機関が経営難に苦しむリスケ企業の社長さんにとって何の役にも立たないということが、ご理解いただけたかと思います。

一番怖い債権者は税務当局

税金の延滞は命取り

金融機関は、リスケ企業が経営破綻しても保証協会から代位弁済を受ければ、自らは損害を被ることはないのですから、ある意味、真の債権者ではないといえます。

また、保証協会も公的機関ですから、基本は借り手が負担して支払う信用保証料で運営しているわけです。仮に信用保証料の枠を超える代位弁済を行ったとしても、最後は国民の血税である税金を投入して代位弁済はなされます。そう考えると、金融機関は社長さんが個人的に消費者金融や違法な闇金融から借入してまで、返せなくなったお金を無理して返す必要がある債権者だとはいえないのではないでしょうか。

ところが、税務当局に対する滞納税金はそうはいきません。

特に国税については、消費税が10％に増税されてからというもの、お金に色がついていないため、どうしても消費税を滞納するリスケ企業が急増しています。

消費税は所得課税である法人税とは異なり預かり税であるため、赤字会社に対しても容赦なく納税義務が生ずる仕組みの税金のため、経営難に陥っているリスケ企業にとっては大変頭の痛い話です。

しかし、税務当局からすれば、昨今の中小企業の7〜8割が赤字会社のため、税収を確保するには赤字会社でも納税義務の生じる消費税を是が非でも徴収しなければなりません。もちろん、ある程度までは徴収猶予に応じてくれますが、リスケ企業といえども、最終的には預金や売掛金の**差押え**行為を実行してでも滞納税金を徴収するケースが見られます。

もちろん、リスケ企業の銀行口座が差押え処分を受ければ、今まで返済猶予に応じていた金融機関も、これ幸いとばかりに「銀行取引約定書」の「**期限の利益の喪失**」条項に基づき、借入金の一括返済を請求することになります。そこでリスケ企業が返済義務を履行しない場合は、前述の保証協会に代位弁済を求めるという法的回収行為に走ることになります。

そして、最もおそろしいのは、税務当局がリスケ企業の売掛金の差押え行為に及ぶ場合です。税務当局は会社が提出した決算内訳書の売掛金情報に基づき、リスケ企業の取引先（得意先）に遠慮なく電話をかけたり、「差押通知書」を送付したりします。その時点で、リスケ企業は有している売掛債権を失うだけでなく、得意先との信頼関係も破壊され、取引関係も喪失してしまいます。その結果、経営破綻に陥ることになるのです。

要するに、税務当局が行動を起こすときは、リスケ企業の経営破綻を承知で差押え行為に走るということであり、金融機関等の債権者とは比べものにならないほど、おそろしい債権者であるということをリスケ企業の社長さんは知っておく必要があるのです。

また、言い換えれば、消費税を納められるうちに再生の決断をしなければ、実のある再生手続は困難であるということなのです。

「差押え」と「仮差押え」

「差押え」と「仮差押え」とは、いずれも強制執行に関する債権回収行為のことで、債権者が債務者の「預金」「売掛金」「不動産」等に対して実行するのが一般的である。

また、両者の違いは、「差押え」が直ちに債務者の財産に対して強制執行がかけられる一方で、「仮差押え」では、その後に民事裁判による確定判決を得なければ債務者の財産に対して強制執行ができないという点と、「仮差押え」を行うには、2～3割の供託金を裁判所に納める必要があるという点である。

期限の利益の喪失

会社が金融機関より資金を借り入れた場合、返済期限までは元金の返済をしなくてもよいことを「期限の利益」という。

逆に会社が借入金の約定返済を滞らせてしまうと、金融機関から借入金の一括弁済を求められることになるが、これを「期限の利益の喪失」という。

この期限の利益の喪失は、返済が滞るだけではなく、債権者が破産手続・民事再生手続に入った時点で効力が生じるのは当然だが、会社の経営に信用不安をうかがわせるような事象（手形の不渡り、差押え等の処分、弁護士による債務整理の受任等）が生じた時点でも効力が生じることになる。

金融庁が掲げる「早期の転廃業支援」はお題目

これまで述べてきたとおり、平成25年３月における中小企業金融円滑化法の期限切れ以降のリスケ企業を取り巻く環境は、事業再生支援の旗手であるはずの税理士が、正直にいって、再生支援者としての能力が乏しく、また、中小企業に対するコンサルティング機能が求められる金融機関も保証協会の融資制度にあぐらをかき続け、さらに、税収難に苦しむ税務当局は、膨らみ続ける滞納消費税の強制回収（差押え行為）に軸足を移しつつあるため悪化の傾向にあります。

この再生支援環境の悪化により、さすがの金融庁もリスケ企業に対する支援方針を「自主再生支援」から「早期の転廃業支援」に切り替え、金融機関に対して一律の返済猶予を求めない方針を打ち出すようになりました。

しかし、この金融庁が掲げる「早期の転廃業支援」とは、いったい何を意味しているのでしょうか？

「経営者保証に関するガイドライン」の嘘

社長さんの連帯保証責任を軽減するはずの指針が…

金融庁の提唱するリスケ企業の「早期の転廃業支援」とは、簡単にいえば金融機関がリスケ企業に「レッドカード」を突きつけるものであり、「退場処分」を促すというものです。

その結果、退場処分を受けたリスケ企業の社長さんは、自らの事業を失うだけではなく、会社の借入金の連帯保証人として法的責任を追及されることになります。

この連帯保証人制度というのは世界に類のない過酷な人的担保制度といわれています。連帯保証責任を債権者である金融機関や保証協会が厳格に追及することになると、社長さんの預金は仮差押え処分になるとともに、家族との絆の源である自宅も仮差押え処分の対象となります。いずれも民事裁判による判決確定後、預金は正式に差押え処分により全額が没収され、自宅は競売手続を申し立てられて換価処分されることになります。

経営者保証に関するガイドライン

金融庁と中小企業庁の後押しで、全国銀行協会（全銀協）と日本商工会議所（日商）がとりまとめたもの。融資取引のときに経営者が連帯保証を不要とする条件を明確にするとともに、経営者が会社の事業につき早期の転廃業の意思決定を行った場合に一定の生活資金を残したり、「華美でない自宅」を住み続けられるような可能性を示したもの。

しかしながら、このガイドラインには法的拘束力がなく、また、リスケ企業の社長さんにとって最終的な債権者となる保証協会との関係では、このガイドラインの適用外になるという大きな矛盾がある。

この金融庁の極端な方針転換に呼応し、金融庁等の後押しにより、債権者である金融機関の業界団体である全国銀行協会（全銀協）と日本商工会議所（日商）が、平成26年2月に「**経営者保証に関するガイドライン**」を策定・施行し、連帯保証債務に苦しむ経営者の法的責任を軽減する指針を打ち出しました。

このガイドラインによれば、現預金は最大462万円まで保持可能で、自宅も華美でない限り所有が許されます。これにより、経営者の連帯保証責任の軽減措置を図ったかのように社会に印象づけました。

公庫と保証協会が参加しない制度に実効性はない

しかしながら、わが国の大多数を占める小規模・零細企業の再生支援の過程にとっては、このガイドラインは実は何の役にも立たないのです。

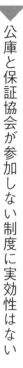

そもそも、ガイドラインによる連帯保証責任の軽減措置は、債権者である金融機関と債務者企業との任意（**法的整理**ではないという意味）の債務整理を前提としたものです。しかし、保証協会を経由した融資しかない小規模・零細企業の再生局面においては、金融機関が最終の債権者であることは稀であり、保証協会という公的機関が債権者であるため、任意による債務整理は99％あり得ません。つまり、同ガイドラインに基づき経営者の連帯保証責任が軽減されることなど、あり得ない話なのです。残念ながら、公的機関である保証協会と公庫は原則として債務整理手続において、リスケ企業の債務はもちろんのこと、社長さんの連帯保証債務についても1円たりとも債務免除に応ずることはありません。

第1章で述べた私の民事再生手続においても、債権者であった公庫に対して自らの再生計画案を提示し、説明させていただこうとしましたが、「**国民の血税で運営している当行が、あなたの債務免除に応じることはできない**」の一点張りで、説明を聞くまでもなく、債権者集会で私の再

法的整理と任意整理

会社が事業破綻状態に陥ったときにとる方法として、「法的整理」と「任意整理」がある。

「法的整理」には、会社の事業を清算する場合の「自己破産手続」や「特別清算手続」と、会社の事業を再建する場合の「会社更生手続」や「民事再生手続」がある。

この両者の大きな違いは裁判所が関与するかしないにあるが、「任意整理」は法的拘束力がないためリスケ企業の事業の整理手続においては実効性がないものといえる。

生計画案に対して否決票を投じられ、危うく自己破産を余儀なくされるところでした。

要するに、全銀協と日商がいかに立派なガイドラインを策定・施行しても、約50万社に及ぶリスケ企業の社長さんの連帯保証責任は、主たる債権者が保証協会や公庫という公的機関である以上、何の役にも立たないということなのです。

真に同ガイドラインを小規模・零細企業のリスケ企業の社長さんに適用するとすれば、公的機関も入れるべきなのです。しかし、現実には公的機関の債務免除は自己破産・民事再生という法的整理手続でしか認められません。また、私が携わるリスケ企業の社長さんの自己破産手続においては、破産管財人による債務者の財産の換価処分ルールに基づき、社長さんは身ぐるみをはがされるがごとく財産を没収されているのが実情です。

結局、誰も社長さんを助けてはくれない現実

本章においてはここまで、昨今のリスケ企業の再生支援環境について述べてきましたが、結論として私がいいたいことは、**「結局、誰も社長さんに再生の出口を示してくれない！」**ということなのです。

厳しいようですが、これが現実であり、そうであるからこそリスケ企業の社長さん方は、日々刻々と悪化していく経営状況に苦しみ続け、出口の見えない不安感に苛まれ続けているのではないでしょうか？

「示してくれない」というフレーズは、再生支援に関わっている専門家の方々には失礼な言葉だとは思いますが、リスケ企業の社長さんに対して明確な出口を指し示すことができず、手をこまねいているだけの実情からすれば、やむを得ない表現だと思います。

「再生の出口」の本質とは、社長さんの事業と生活・財産を守ること

自主再生がもはや困難な局面の再生支援において大事なことは、リスケ企業という法人格を存続させることではなく、リスケ企業が行っている事業そのものが再生され、社長さんの経済的苦境を具体的に解決することです。

そのためには、**倒産法**（破産法、民事再生法等）で認められる再生支援の諸制度を最大限に利用するしかないのです。

少なくとも、私の倒産・再生の経験から導かれた結論は、リスケ企業の社長さんには倒産法の手続を駆使する以外に明確な出口を指し示すことができないということです。

それは、まさに再生するための極意なのですが、それを肝心な再生支援者が知らないため、社長さんは何ら出口の見えない経営難に日々苦悶し続け、四面楚歌の苦境に陥っているのです。

倒産法

「倒産法」とは法律用語ではなく、経済的に窮地に陥った会社または個人が清算処理または再建手続を行うための法律を総称するもの。

具体的には、清算処理の法律として「破産法」と「会社法」があり、再建処理の法律として「会社更生法」と「民事再生法」がある。

図表2－4　再生において重視すべきこと

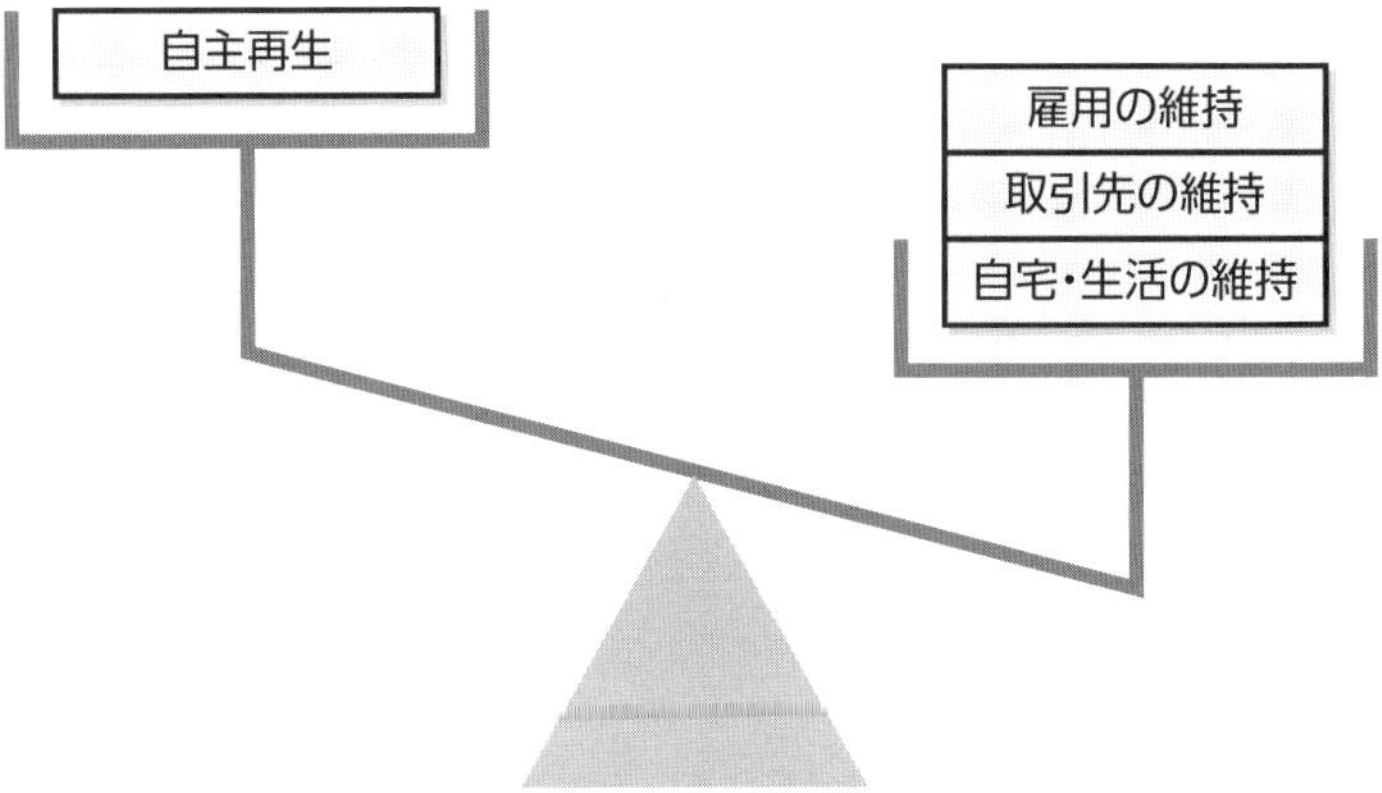

社長さんの事業と生活・財産は倒産法が守ってくれる

世の中には社長さんを守る法律（倒産法）がある

自主再生がもはや困難なリスケ企業を再生させるには、会社の事業の再生と借入金の連帯保証人である社長さん個人の生活・財産の再生を一体的に解決しなければなりません。そのためには、倒産法という法の剣を用いる必要があります。

なぜなら、会社の事業を再生するにも、社長さん個人の生活・財産を再生するにも、会社の債権者、特に金融機関との関係で、抵当権や連帯保証債務など、がんじがらめの法律関係に縛られているからです。

もちろんどの会社も、いきなり自主再生困難な状況に陥ったわけではなく、税理士や金融機関などの再生支援者との協議で様々な経営改善策を実行してきたはずです。しかし、結果的に、それらの施策が抜本的な経営改善に結びつかず、自主再生が困難な状況に陥ってしまったわけです。

したがって、このままの状態を放置すれば資金繰りはますます悪化するため、金融機関への借入金の返済ができないだけではなく、間違いなく税金・社会保険料の滞納や仕入先や従業員への支払いが遅延する状況に陥ります。

そのような状況になれば、税務署などから預金・売掛金等の財産を差し押さえられるかもしれません。また、買掛金や給料の遅延により仕入先や従業員との信頼関係が破壊されるため、当然ながら会社の事業価値は毀損し経営破綻に陥ることは間違いありません。

そして、会社が経営破綻した時点で、社長さんが負っている連帯保証責任が顕在化することになります。そのため、社長さん個人の財産（預金・自宅等）も差押えの対象となり、結局、社長さんは自らの会社の事業も生活・財産も失うことになってしまうのです。

この悲惨な結末をいかに回避するかが、この局面に陥ったリスケ企業の社長さんにとって、最も重要なことなのです。

そのためには債務者である社長さん自らが主導的に、「今、打つべき手」、すなわち倒産法にのっとった再生支援手続を一つひとつ実行し、自らの会社の事業と生活・財産を守ることが求められるのです。

その詳細は次章以降を読んでいただければご理解いただけると思いますが、私のところに相談に来られる社長さんには、この外科型の再生支援スキームを提案し、私と倒産法に精通した弁護士が社長さんと債権者との間に入り、各社各様の外科型再生支援を実行しているのが現実です。

再生支援の成否は、倒産法に精通した弁護士との連携と再生支援スキームの「適時性」「適切性」「適法性」

倒産法を駆使すれば「再生の出口」が見つかる

ここまで読まれて、「誰も再生の出口を示してくれない」現状に対して、「倒産法」の再生支援手続を駆使すれば、社長さんの会社の事業と生活・財産が守れるという、にわかには信じがたい話が展開していることに少しは興味をもっていただけたかと思います。

しかし、これが「再生の出口論」としては間違いのない現実なのです。

残念ながら、社長さんの周りにいる税理士や金融機関等の再生支援者は、自らの立場・利害の中でやむを得ず社長さんと関わっているというのが実情で、社長さんの事業や生活・財産を守るという根本的な再生支援の観点からは力不足というか、ほど遠い存在と言わざるを得ません。

なぜなら、税理士は自らの税務顧問契約の範疇でかたづけたい案件でしょうし、金融機関にとっては手間をかけずに早く保証協会からの代位弁済で自らの貸付金を回収したいと考えているからです。

それは、彼らの立場からすればビジネスとして当然の話であり、そのような立場の者に認定支援機関なる再生支援者の役回りを与えて、リスケ企業の社長さんに大いなる誤解を与えた国の安易な施策にこそ問題があるといえます。

倒産法に精通した弁護士が社長さんを守る

むしろ、社長さんにとって最も大事な連携は、倒産法に精通した弁護士との連携だといえます。

そもそも、破産法や民事再生法等の倒産法は、経営が立ち行かなくなった会社や経済的に困窮した個人と債権者との間に介入し、債務者が再生できるように法律で手続を定め、債務者の債務の全部または一部を免除する法律なのです。

すなわち、倒産法を代表する破産法1条1項には、「この法律は、支払不能又は債務超過にある債務者の財産等の清算に関する手続を定めること等により、債権者その他の利害関係人の利害及び債務者と債権者との間の権利関係を適切に調整し、もって債務者の財産等の適正かつ公平な清算を図るとともに、**債務者について経済生活の再生の機会の確保を図ることを目的とする。**」

と、破産法の目的として「債務者の経済生活の再生の機会の確保を図ること」と明確に表記されているのです。

私は、平成23年6月に東京地裁で民事再生手続の開始決定を受けた後、この条文を見つけ、自らの奇跡とも思える再生経験が倒産法の目的とする「債務者再生の精神」のもとに成し得たことを強く感じました。そして、その倒産法を駆使した外科型再生支援業を自らの天職とし、同法に精通した弁護士との協業を開始した経緯があります。

自主再生が困難なリスケ企業の社長さんにとって最後の砦となるのは、この「倒産法による再生支援手続」であり、この倒産法に精通した弁護士こそが社長さんにとって真の再生支援者といえるのです。

したがって、私のところに相談に来られる社長さんには、倒産法に精通した弁護士とともに序章で述べた嘘みたいな話を積み上げ、明確な倒産法による再生支援スキームを必ず策定して示します。そして、そのスキームを実行することにより、それぞれの案件に応じた「再生の出口」を導くのです。

ただ、倒産法に精通した弁護士は弁護士業界の中でもごく僅かしかおらず、多くの弁護士は倒産法に精通していないか、精通していても大企業の倒産手続しか扱わず、リスケ企業に対する再生支援のエッセンスを認識していない弁護士が多いのも事実です。

いずれにしても、社長さんの再生支援にとって、倒産法に精通した弁護士の存在は不可欠であり、その弁護士との連携において社長さんの会社の再生手続を、「適時」「適切」「適法」に行うことが再生支援の成否を分けることになるのです。

「適時」とは、その再生手続をいつ実行に移すかということです。自主再生困難なリスケ企業にとっては日々刻々と経営状況が加速度的に悪化しているわけですから、手遅れになるケースも多々あり、「いつ」実行するかという「適時性」が求められることになります。

また、「倒産法による再生支援手続」といっても、「破産手続」を選択するほうが有利であったり、「民事再生手続」を選択したほうが有利であったりと、直面する再生支援スキームの選択を迫られることが多々あります。

そのときに社長さんにとって最も法的・経済的に有利な、すなわち「適切」な再生支援手続を選択することが求められるため、再生支援にとっては「適切性」が求められることになります。

そして、「倒産法による再生支援手続」といっても債務者の再生を優先するため、当然に債権者の利害と対立することになります。つまり、再生支援の過程においては「債権者への詐害行為」という法律問題に嫌でも向き合わなければなりません。

図表２－５　再生支援スキームの３要件「適時性」「適切性」「適法性」

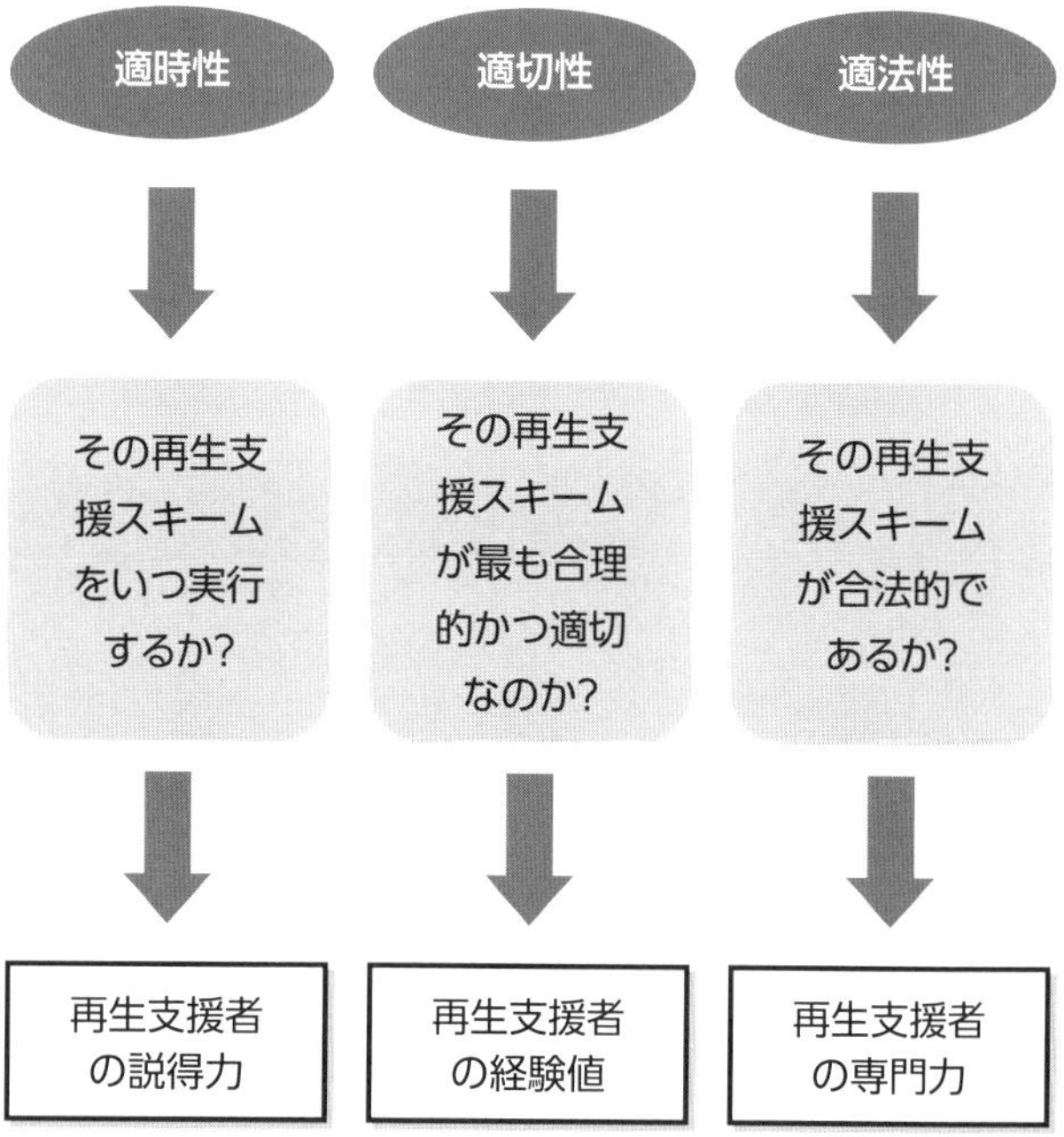

適時性
適切性
適法性
その再生支援スキームをいつ実行するか?
その再生支援スキームが最も合理的かつ適切なのか?
その再生支援スキームが合法的であるか?
再生支援者の説得力
再生支援者の経験値
再生支援者の専門力

そのため、債務者の円滑な再生手続のためには、「債権者詐害行為」を考慮して、極めて慎重に再生支援手続の「適法性」が求められることになります。

この再生支援手続の「適時性」「適切性」「適法性」を総合的に判断し、社長さんの防波堤となって再生支援手続を実行してくれるのが、「倒産法に精通した弁護士」なのです。

その弁護士に出会えるか否かが、リスケ企業の社長さんの再生支援の成否を大きく握っているといっても過言ではありません。

第3章

「倒産法」を使えば社長さんの事業（従業員・取引先）を合法的に守れる！

社長さんの会社は「ステージ2」「ステージ3」「ステージ4」？

自主再生困難なリスケ企業の再生手続は「がん治療」と同じ

私は税理士向けの事業再生支援セミナーで、再生支援の困難性・緊急性・専門性をわかりやすく説明するために、不謹慎かもしれませんが、事業再生支援を「がん治療」に例えて話すことがあります。

すなわち、自主再生困難な状態に陥ったリスケ企業は、ヒトでいえば「がん」にかかったようなもので、その状態を放っておくと症状は加速度的に悪化し、最後は必ず「死（倒産）」に至ってしまう経営状態であるといえます。

現在、そのリスケ企業が全国で約50万社もあるといわれていますが、その多くが「がん」に例えると「ステージ2～4」であると思われます。

つまり、「ステージ1」とは金融機関への返済猶予（リスケ）を行ってはいるものの、本業自体は黒字基調であり、「遊休資産の売却」「不採算事業からの撤退」「放漫経営の改善」等により、リスケ状態が早期に解消できる自主再生可能な経営状態をいいます。

第2章で述べた、国が税理士を中心として実施した認定支援機関による経営改善計画策定支援事業は、まさにこの「ステージ1」レベルのリスケ企業に対する施策であったように感じます。

そのため、約2万人もの税理士等が、自らの能力の範囲内で金融機関と交渉し、補助金をもらいながら、リスケ企業の経営改善を比較的容易に果たせる再生支援事業を、新たな収益分野と意気込んで参入してきたのだと思います。

50万社に及ぶリスケ企業の9割は外科的手術が必要

しかし、現実は約50万社といわれるリスケ企業の中で、「ステージ1」レベルの会社は1割も存在しません。

なぜでしょうか？

それは「がん」と一緒で、「ステージ1」の状況で適切な改善処置を怠ってしまうからです。

「がん」も「リスケ企業」も同様に、初期の症状を放置したり、専門家（医者、税理士）が誤診し

図表3－1　ステージ別の延滞先と延滞金

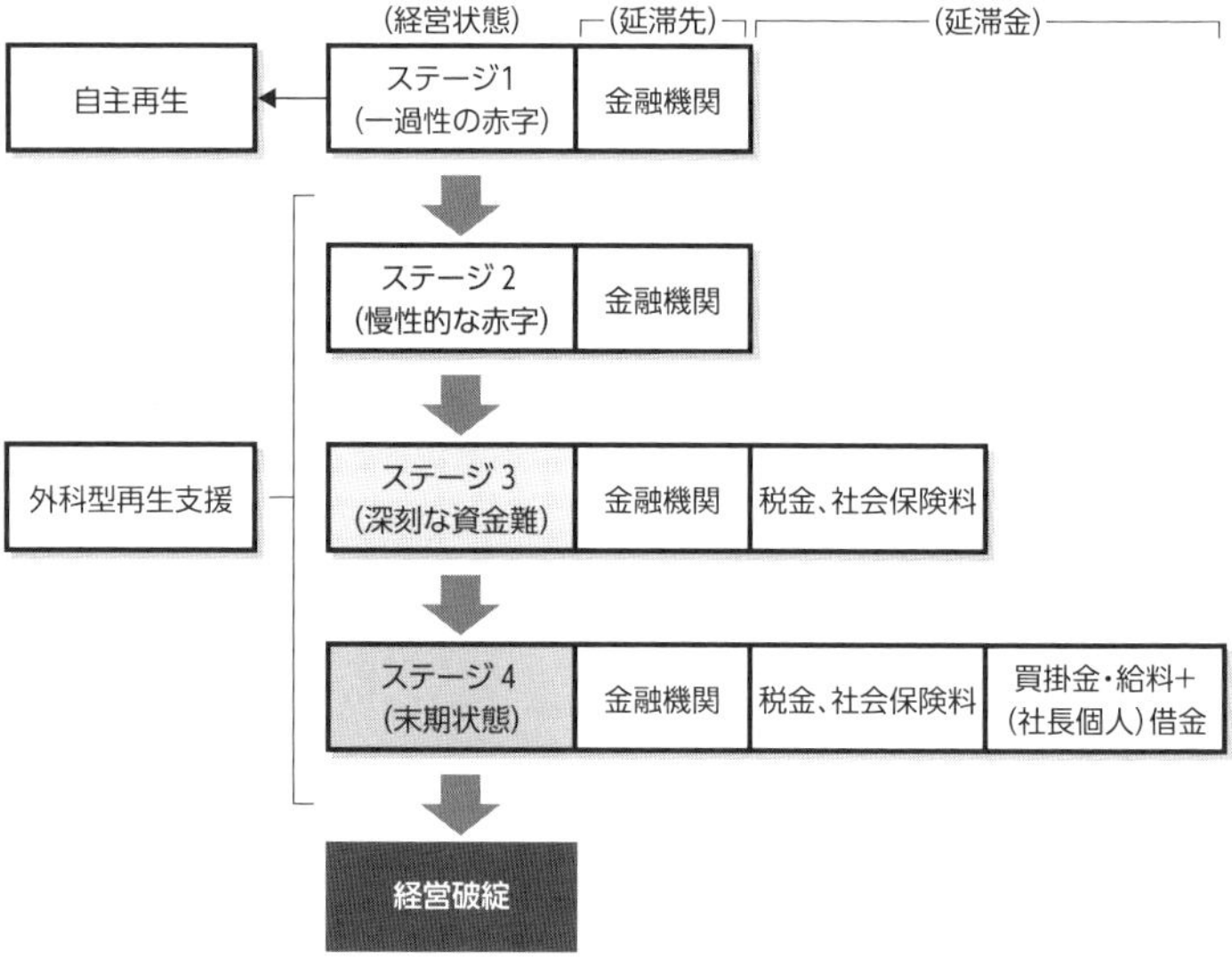

図表3－2　ステージ別経営破綻度

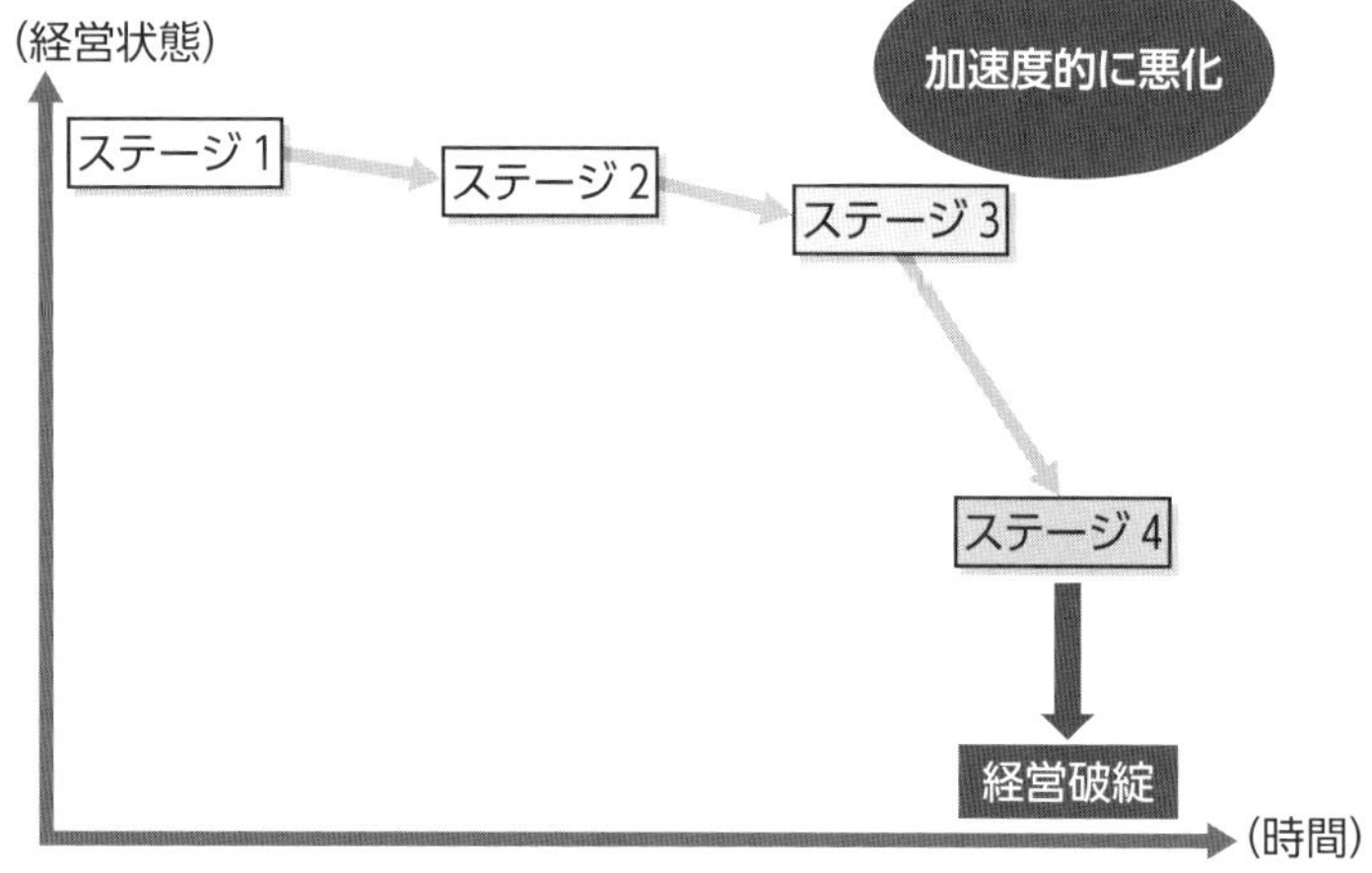

たりすると、あっという間に症状は悪化し、気がついたときには事態が深刻になっているのです。

たぶん、本書をお読みになられている社長さんの中にも心あたりがあるのではないでしょうか？

実際に私のところに駆け込まれて来られる社長さんの会社の症状は、「ステージ4」の状態が圧倒的に多いのです。

ちなみに、本書の「はじめに」にも書きましたが、私のいう「ステージ2」とは、慢性的な赤字であっても金融機関への返済猶予（リスケ）のみで他に延滞先のない会社のことであり、「ステージ3」とは、金融機関のみならず税金、社会保険料等の公的機関に対する延滞のある会社のことです。これらの会社に対する再生支援は、「倒産法」の法の剣を用いて外科的（法的）に処理してしまえば、驚くほど短期間かつ合法的に、社長さんの事業・生活・財産を守り切ることができるのです。

そして、最も相談の多い「ステージ4」とは、金融機関と公的機関（税金、社会保険料等）に対する延滞のみならず、社長さん自らも個人のクレジットカードや知人・親族からの借入で首がまったく回らない状態（多重債務状態）に陥っており、従業員への給料や取引先への支払いも遅延しているような会社です。このような状態の会社でも闇金融等の反社会的勢力に蝕まれていない会社であれば、約9割の社長さんに対して、私は何らかの外科的手術を施して、会社の事業と社長さんの生活・財産を守ることができると考えています。

それは、私が特殊な交渉能力を有しているからではありません。「倒産・再生の経験者」として、倒産法に精通した弁護士とタッグを組み、「倒産法」という法の剣を用いることで、社長さんに合法的な「再生の出口」を示せるという確信があるからなのです。

したがって、「ステージ4」の会社でも約9割程度が「再生の出口」を模索できるわけですから、「ステージ2」「ステージ3」の会社であれば、何をか言わんやです。

社長さんの会社のステージはいくつでしょうか？

「従業員」と「取引先」を守れれば再生できる

外科型再生手法の第二会社方式の成否は事業協力者の存在

それでは、「倒産法」という法の剣を使った外科型再生手法の具体的な話に入っていきます。ここでは、よく新聞の経済・社会面を賑わす大企業の倒産時に使われる会社更生法や民事再生法等の難しい倒産法の話は一切必要ありません。

自主再生困難な状態に陥った中小・零細企業の再生局面において必要な再生支援手法は、まず、存続可能な事業のみを第二会社（社長さんが役員・株主のいずれでもない会社）に合法的に**事業譲渡**します。そして、残った会社の債務は社長さんが自らの経営責任と引き換えに地方裁判所に法人の自己破産を申請し、会社が背負うすべての債務について免責（債務免除）を受けるというものです。

この再生手法であれば、極めて短期間かつ合法的に再生可能な事業譲渡と再生不能な会社債務

事業譲渡

会社が取引行為として自社の事業を他の第三者に譲渡すること。譲渡する事業の対象が事業の全部または重要な事業の場合は、株主の利益を大きく損ねる可能性があるため、株主総会の特別決議が必要となり、決議なき譲渡は無効となる。

また、事業譲渡は会社分割とは異なる取引行為のため、従業員の雇用については、会社分割であれば、決議の承認により自動的に分割先の会社との間の雇用契約であるのに対して、事業譲渡の場合は、各従業員ごとに再雇用の契約を締結しなければならない。

を分離でき、「借金0」の状況で第二会社は再生のスタートに立つことができるのです。

社長さんも第二会社で収入を得ることは可能

社長さんはこの第二会社の役員や株主になることはできませんが、その会社の従業員や顧問、または外注先となって第二会社の経営をバックアップすることは、実務上（破産手続上）問題はありません。そのため、社長さん個人のその後の生活（家族）を守るためにも極めて有効な再生手法といえます。

つまり、この第二会社方式の再生手法で最も重要なことは、再生可能な事業を引き継いで運営してくれる事業協力者がいることと、従業員と取引先との信頼関係が維持されていることといっても過言ではありません。

図表３－３　第二会社方式の再生スキーム

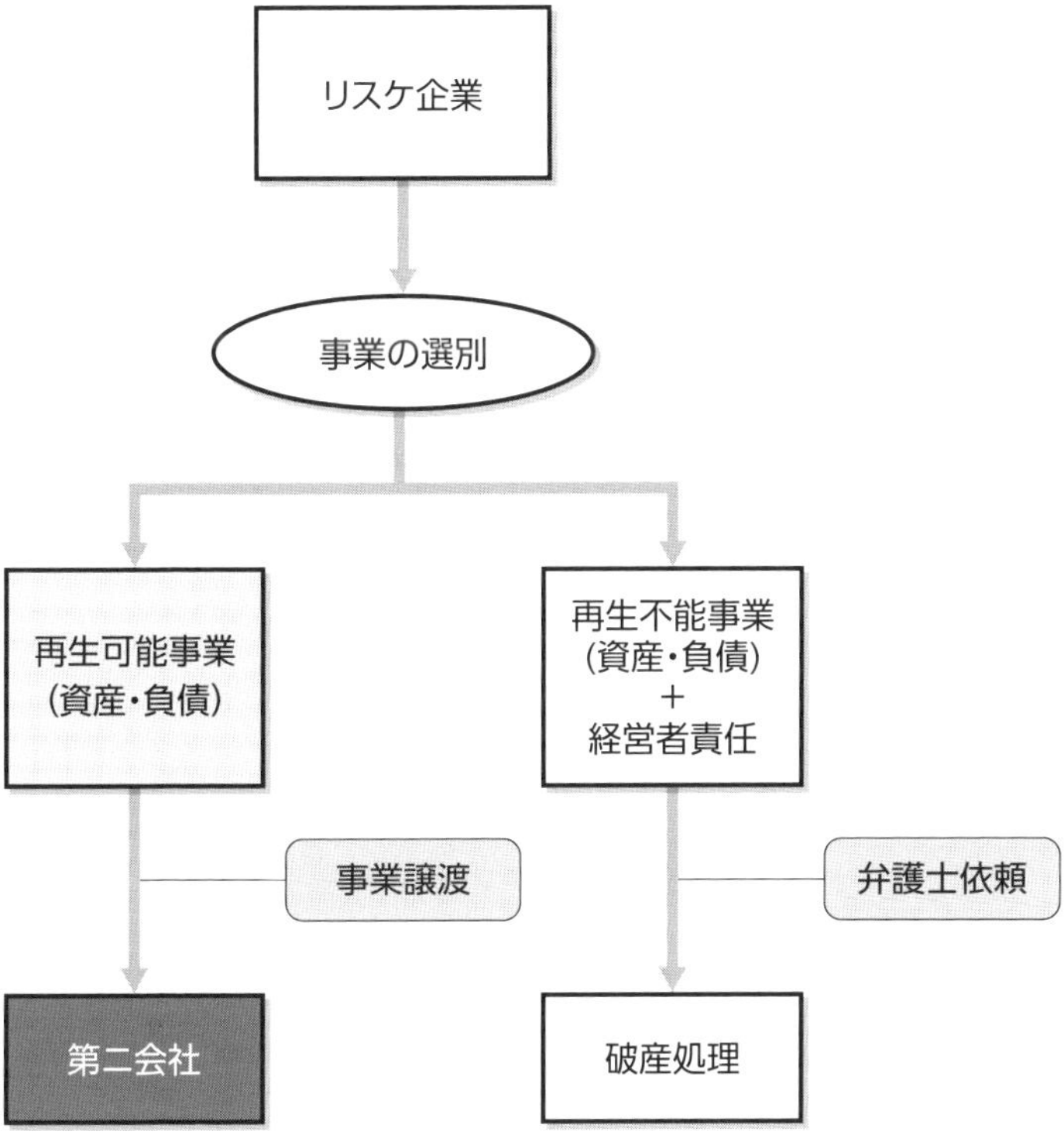

「ステージ4」の会社でも約9割の会社が第二会社方式で再生の途につけると前述したのも、事業協力者の存在と従業員と取引先との信頼関係が維持されているからです。逆にいえば、約1割の会社はこの信頼関係が崩壊してしまったがゆえに、再生を断念せざるを得なくなったといえます。

もっとも、本書で取り上げる中小・零細企業の場合、家族経営のケースが非常に多く、現実的には、第二会社を親族で運営するのがほとんどです。そのため、取引先との信頼関係さえ維持できていれば、かなりの確率で第二会社方式による再生が可能であるといえます。

第二会社の代表者が社長さんの親族である場合の破産手続は、事業譲渡取引の恣意性が強い取引と疑われ、裁判所（破産管財人）から否認されるケースがよくあります。しかし、私の経験上事業譲渡価格が適正であれば否認されることはまずありません。序章でも述べましたが、事業譲渡価格の適正性を司法当局に説明するのが公認会計士である私の重要な業務であり、否認権訴訟を提起された稀なケースを除いて、事業譲渡価格は基本的には認められ、少々揉めても軽微な金額での和解で済むことがほとんどです。

ここ数年の破産事件で感じることですが、コロナ感染症発生後の極めて厳しい経済状況下では親族が代表を務める第二会社への事業譲渡であっても、また破産申立直前であっても裁判所は積極的に認めるという基本認識があるように感じます。

事業再生の専門誌（「季刊　事業再生と債権管理」金融財政事情研究会）でも、倒産法に精通した弁護士達が破産申立前の事業譲渡や親族企業への譲渡を積極的に容認すべきという内容の記述があります。その論考の監修をされている野村剛司弁護士は倒産法に関する第一人者といわれる有名な弁護士先生であり、また私が6年前に関与した大阪の再生案件の破産管財人だった方であり、第二会社への事業譲渡取引につき大変厳しく精査され、破産終結まで3年の期間を要したことを鮮明に記憶しています。それまで慎重な姿勢で対応された破産申立前の事業譲渡について、積極容認派に転じていることは特筆すべき事実であり、司法当局の大幅な方針転換を感ぜざるを得ないものです。

該当箇所を書き出してみましょう。

「破産申立前の事業譲渡は決して不当なものではないし、むしろ弁護士としては、たとえ一部でも事業を残す方向を模索すべきだと思うよ。というのも、事業の一部でも残せれば、その事業に従事している従業員の雇用は維持されるし、従業員やその家族の生活も守られる。取引関係も維持されるから、事業廃止に伴う混乱も軽減でき、連鎖倒産も防止できる。」

「親族、知人等に事業を承継する場合も、否認対象行為とならないような適正な対価での承継であれば、第三者への承継と同様に原則として可能であると考えてよい。」（以上、野村剛司（監修）・田口靖晃他「破産事案における事業譲渡の活用［1］ 申立代理人による事業譲渡の検討」事業再生と債権管理173号）

「監修者からのコメント

・ウィズコロナ・アフターコロナの時代においては、まさに破産手続開始申立前の事業譲渡が大きな選択肢となると思われます。

・監修者からの最後のコメントとしては、まずは、事業譲渡は、平常時から倒産時まで切れ目なく行われるもので、事業譲渡と破産の組合せは何も特別な場面ではないことを認識する必要があると思います。

・最終的に破産を選択せざるを得ない場合であっても、事業の再生は可能である、事業再生をあきらめない、というスタンスの共有が必要でしょう。」（野村剛司（監修）・久米知之他「破産事案における事業譲渡の活用［8・完］ 連載を振り返って」事業再生と債権管理180号）

このように倒産法の運用状況が変化する中、多くの税理士が「破産申立前の事業譲渡など認められるわけがない」という単なる思い込みによって、経営難に陥っている社長さんの事業再生の機会が気の毒にも失われ続けていることに私は怒りと悲しみと絶望感を感じる次第です。

破産申立て直前の事業譲渡でも認められる

合法的に認められる事業譲渡取引とは

第二会社方式による外科型再生手法によれば、リスケ企業の再生可能な事業を短期間で守れるわけですが、当然ながら合法的な事業譲渡を実施しなければ、会社の**自己破産手続**において裁判所より選任された破産管財人（弁護士）により、事業譲渡取引自体が詐害行為として否認される危険にさらされることになります。

そのため、私が実施する税理士向けの事業再生セミナーに参加される弁護士（なぜか多くの弁護士がセミナーを受講されます）より、

「先生（私）が話すような第二会社への事業譲渡を破産管財人はそんなに簡単には認めませんよ！」

というお言葉をいただくことがままあります。

自己破産手続

自己破産手続とは、多重債務や多額の債務を負い、支払不能に陥った会社または個人自らが裁判所（地裁）に申し立てて債務全額の免除を得るもの（個人の債務には租税債務等の免責されないものがある）。

自己破産手続の対義語は債権者破産手続といい、債務者が財産を故意に隠すなどした場合に債権者の立場で債務者の破産を申し立てて債権の回収を図るケースがあるが、一般的には代表的な債権者である金融機関が債権者破産手続を申し立てることはない。

図表３－４　合法的な事業譲渡とは

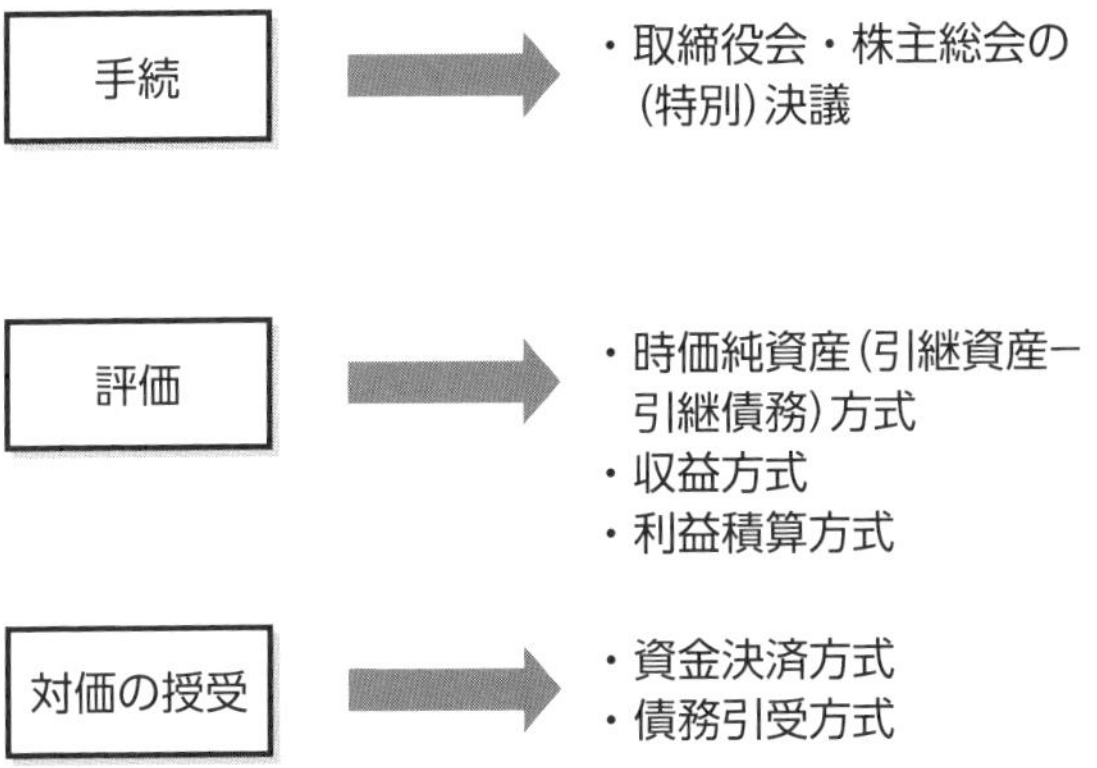

確かに、債務を負った会社は破産手続で膨大な債務が免責（借金棒引き）されるにもかかわらず、再生可能な事業だけを親族が設立した第二会社に事業譲渡して事業が存続し続けるなんて、とても理解しがたい部分があることは事実です。

私も今まで50件以上の再生案件の大半をこの第二会社方式による外科型再生スキームで支援してきましたが、前述の弁護士のいうとおり、破産管財人から第二会社への事業譲渡取引について、疑義を指摘されるケースもいくつかはありました。

事業譲渡取引の価格算定の困難性

序章でも述べましたが、私が推奨する第二会社方式による外科型再生支援で裁判所（破産管財人）が必ず問題視するのが、破産申立前に実施された事業譲渡取引の適法性と適正性です。

この事業譲渡取引については、どのような専門書を調べても具体的な算定方法の記述がなされておらず、しかも株価の算定と同様に複数の算定方法があり、毎回その算定過程の説明に苦労します。

ここで裁判所（破産管財人）が問題視する点は、同取引が債権者の債権回収を詐害したか否かという点であり、換言すれば何をいくらで譲渡したかを検証するわけであり、詐害したと判断されれば破産法（１７３条）で同取引を否認することになります。

そのため、私はその算定過程の説明にあたって、必ず事業譲渡の定義を明確にするところからはじめます。その説明は、裁判所は過去の判例に依拠する傾向が強いため、最高裁判例（昭和40年9月22日）に基づく定義（会社法制定前の「営業譲渡」に関する定義）を引用しています。

「①一定の営業目的のため組織化され、有機的一体として機能する財産（得意先関係等の経済的価値のある事実関係を含む。）の全部または重要な一部を譲渡し、②これによって譲渡会社がその財産によって営んでいた営業的活動の全部または重要な一部を譲受人に受け継がせ、③譲渡会社がその譲渡の限度に応じ法律上当然に〔平成17年改正前商法〕25条〔現行商法16条、会社法21条に相当〕に定める競業避止義務を負う結果を伴うものをいう。」

最高裁が判示した「事業譲渡」の定義は抽象的でわかりづらいのですが、その対象は要するに「営利活動をするために組成された財産」ということなので、営利活動を行うために必要とされる資産および負債という理解になります（この点に争いはありません）。

したがって、譲渡価格の算定方法は「引継資産－引継債務（負債）」となります。このうち引継債務とは、第二会社で事業を継続するために必要な負債、例えば事業活動に必要な取引先との関係では買掛金・預り金・前受金、従業員との関係で言えば未払給料・未払退職金などであり、計算式からわかる通り、引継資産から減額するため事業譲渡価格を引き下げることになります。

また、引継資産は、在庫や設備等の固定資産や保証金などですが、序章で説明した通りこれらの資産項目は帳簿価額ではなく時価評価が基本となりますので、在庫であればバッタ屋などから取得した際の買取りの見積額、固定資産でいえば車両の見積買取額が時価となり、保証金に至っては原状回復費用（見積額）との差額となるため、思いのほか事業譲渡価格は帳簿価額よりも安価となり、破産管財人との間で揉める原因となるのです。

破産管財人は、破産会社の残余財産や破産中立前の財産移転取引を調査して債権者に破産会社の財産を配当することを目的に管財手続を実施しており、いやらしい話ですが、管財手続で財産をいくらで取り戻したかによって破産管財人の報酬が大きく変わるため、事業譲渡価格についても1円でも高くしたいと思うのは当然のことです。

そのような事情のため、事業譲渡価格の適正性の検証過程では、破産管財人と間で喧々諤々の議論は避けられず、これまで50件を超える破産案件の中で2件の否認権訴訟を提起された経験がありますが、いずれも破産管財人の会計知識の不足による訴訟提起でした。その2件の訴訟では破産管財人の明らかな主張の稚拙さが露呈し、うち1件は裁判所からの和解勧告により勝訴的和解で終結、もう1件は破産管財人を選任した裁判所が破産管財人に対し敗訴判決を言い渡すなど、訴訟に値しない否認権訴訟であったことを記憶しています。

この否認権訴訟の原因ですが、いずれも事業譲渡取引実施前の決算まで目を疑うような粉飾決算を行っていたため、私が決算期を変更して会社の酷い債務超過の経営実態をバンクミーティングで明らかにした事案であったため、長年粉飾決算を黙認してきた金融機関が破産管財人に否認権訴訟をけしかけたことによるものでした。

しかし、こうしたケースを除いて大半は、破産管財手続開始前に代理人弁護士に依頼して、公認会計士である私が行った事業譲渡価格の算定報告書を裁判所に提出してもらい、裁判官に譲渡価格に会計専門家のお墨付きがある旨をアピールしておくと、破産管財人もむやみに否認権行使ができなくなり、低廉な事業譲渡取引を認めざるを得なくなることになるのです。

図表３－５　破産管財人と否認権行使の関係

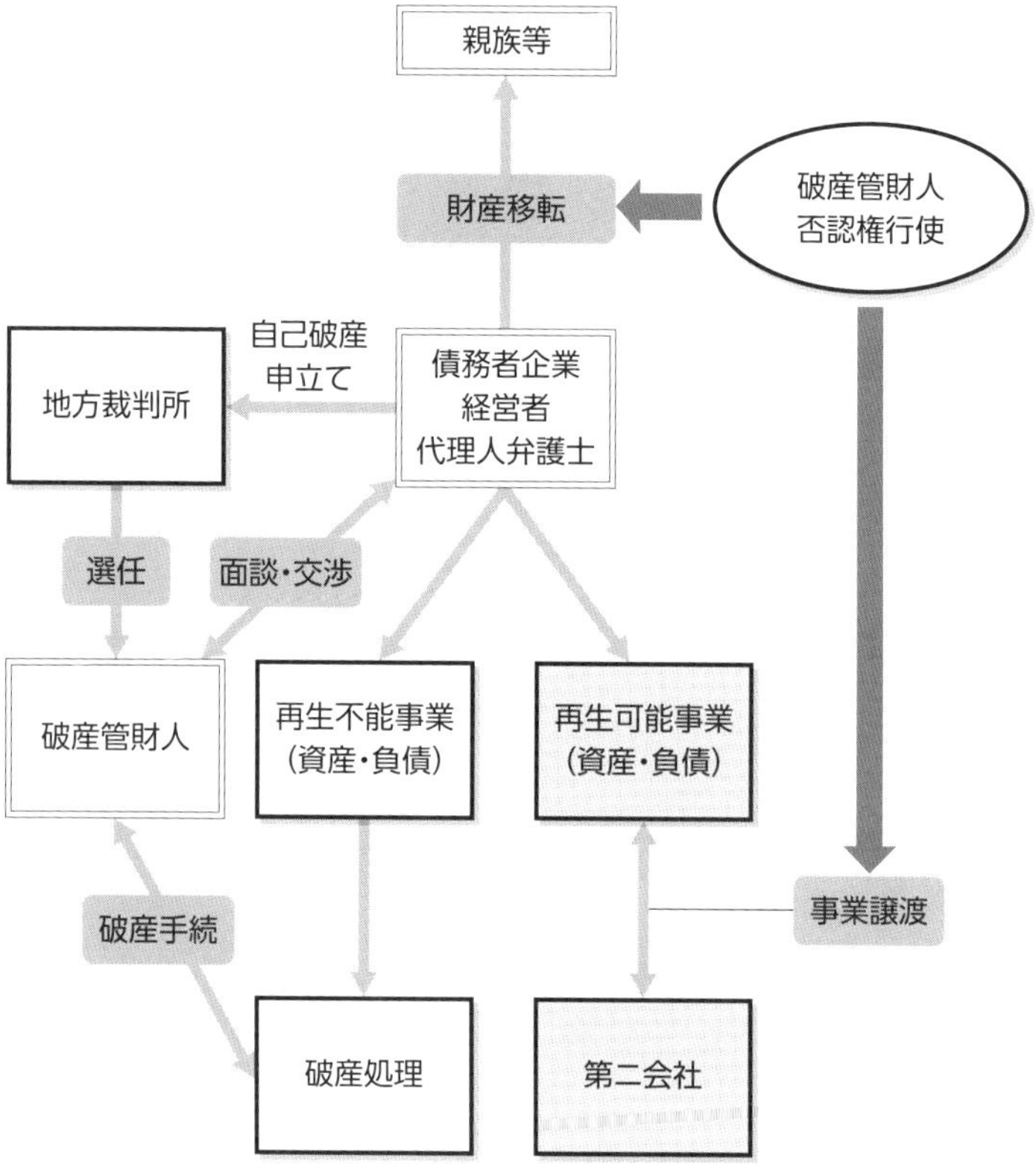

破産管財人が否認権を行使するのは稀

前述の通り、破産管財人には、破産法173条1項で「**否認権の行使**」が認められていますが、この否認権を現実的に行使するには、訴訟を別に提起しなければなりません。

しかし、私のところに相談に来られる社長さん方の破産手続は、序章で述べた「**少額管財事件**」といって、裁判所に納める予納金（破産管財人の報酬）が20万円程度と極めて低いため、正直なところ破産管財人としても少額管財手続に時間を費やすことができないのです。

そのため破産管財人は、第二会社への事業譲渡取引について少々の疑義があったとしても、最低半年はかかる民事裁判を提起してまで、伝家の宝刀である否認権を行使することはまずありません。この否認権を盾に申立て代理人弁護士との間で和解交渉をすすめ、少額の和解金（30～50万円）で破産処理を終結させるというのが破産手続の実情です。

このような事情があるため、私は苦悩されている社長さんに第二会社方式による早期の事業再生を積極的に勧めているのです。

少額管財事件

東京地方裁判所等における破産手続の運用方法で、弁護士が代理人となって申し立てた破産管財事件に限り、通常の破産管財事件と比較して少額（20万円程度）の予納金により破産管財人を選任し、スピーディに破産事件を処理すること。

少額管財手続の申立ては、個人・法人のみならず個人と法人（個人と法人が同視できるような場合）を同時に申し立てることも可能だが、弁護士が申立て代理人になることが要件とされる。

否認権の行使

破産者（破産を申請した債務者）が破産手続の開始決定前後に行った破産債権者の権利を害する行為（詐害行為）、例えば、債務財産を安く処分したり、隠匿したり、特定の債権者だけに弁済するなどの行為に対する法的効力を否定し、同財産を破産財団に組み込むために破産管財人に与えられた権利（破産法160～176条）のこと。

国も第二会社方式での再生を望んでいる

従業員の失業と取引先の連鎖倒産を抑止する外科型再生

破産申立て前の事業譲渡取引は外科型再生手法の一番難しいところで、裁判所ともめる取引です。しかし、リスケ企業の再生可能な事業を存続させる再生手法は、序章で述べたとおり、従業員の失業と取引先の連鎖倒産を抑止するという意味で大きな社会的意義があることだと、私は考えます。

なぜなら、会社の倒産により従業員が失業すれば、国は当然、失業手当（時には生活保護費）を支給しなければなりません。加えて、取引先が連鎖倒産すれば、その取引先の従業員もまた失業し、失業手当を支給する必要に迫られるのです。

要するに、第二会社方式による外科型再生手法は、従業員の無用な失業と取引先の連鎖倒産を抑止するという意味において、膨大な社会保障費の給付に苦しむわが国の国益に資する再生手法であるということが言えます。そして、第二会社において事業が再生され納税することになれば、税収増に寄与することができるのです。

今は会社の税金も滞納し、社会保険料も滞納し続けている社長さんも、自らの決断で、再生可能な事業を第二会社に譲渡し、従業員の雇用と取引先との信頼関係を守れれば、第二会社を用いた再生により国益のために貢献したことになるということを覚えておいてください。

特に社長さんが高齢で、子息を後継者としているにもかかわらず、会社の現状の借金があまりにも多く、事業承継ができないケースによく遭遇します。そのようなケースこそ国益の観点からも社長さんの早期の決断を、私は強く求めるのです。

第二会社方式の再生手法と債権者詐害行為との関係

第二会社方式による外科型再生手法は、合法的な事業譲渡により従業員の雇用と取引先の連鎖倒産を抑止するという意味において国益に資するものであり、実際のリスケ企業の破産手続において、破産管財人が事業譲渡取引を否認することは極めて稀です。

ただし、それは事業譲渡取引が適正な経済取引として破産管財人の心証を得られることが大前提です。国益に資するからといって、破産管財人が破産申立て前の財産移転行為を何でも認めてくれるわけではないので、そこは十分な注意が必要です。

では、具体的に何に気をつければよいのでしょうか？

それは、破産法１６０条以下に規定されている破産管財人による「否認権行使」です。本書においては、なるべく法律の条文に関する説明は省略したいと思いますが、破産法１６０条以下の規定は、第二会社方式による事業再生手法にとって極めて重要ですので、しっかりと説明したいと思います。

そもそも破産法とは、破産申立てに関して裁判所より選任された破産管財人（弁護士）がよりどころとすべき法律です。この法律の規定に基づき破産管財人は破産申立てをした債務者（法人あるいは個人）の財産を換価処分して財産を破産財団に組み入れ、最終的に債権者への配当手続を実施し、その余りの債務を免責するものです。

したがって、破産申立て前に債務者が財産を隠したり、安い金額で処分したりすると、本来であれば破産手続において債権者に配当されるべき財産が不当に減額されることになります（**債権者詐害行為**）。そのため、破産法は160条以下において破産管財人に対して、破産申立て前の一定の財産移転行為について「否認権」を認め、同行為を取り消すことを可能にしているのです。

では、どのような財産移転行為が否認権の対象となるのでしょうか？

1つ目は、誰が考えてもわかるとおり、財産を隠したり、不当に安い金額で処分した場合、および特定の債権者にのみ返済を行った場合です。

そして2つ目は、支払不能となった日から6ヶ月以内に行った贈与取引です。一般的に支払不能となった日というのは、債務者が弁護士に債務整理を委任し、その受任通知を債権者に送付した日と考えればよいかと思います。

例えば、ある年の7月1日に弁護士が**債務整理開始通知**を送った場合を考えると、その年の1

債権者詐害行為

債権者詐害行為とは、債務者が債権者の債権回収の機会を害する目的で自分の財産を減少させる法律行為をいい、民法424条の詐害行為取消権により、債権者は同行為を取り消すことができるとされている。

ただし、一般的には同行為の相手方が債務者の意図を知らなかった場合は、取引の安定を図るために取り消すことができないとされているが、相手方が債務者の親族の場合には債務者の意図を知っていたと推定され、取り消されることになる。

図表3－6　破産法160条3項（贈与否認）

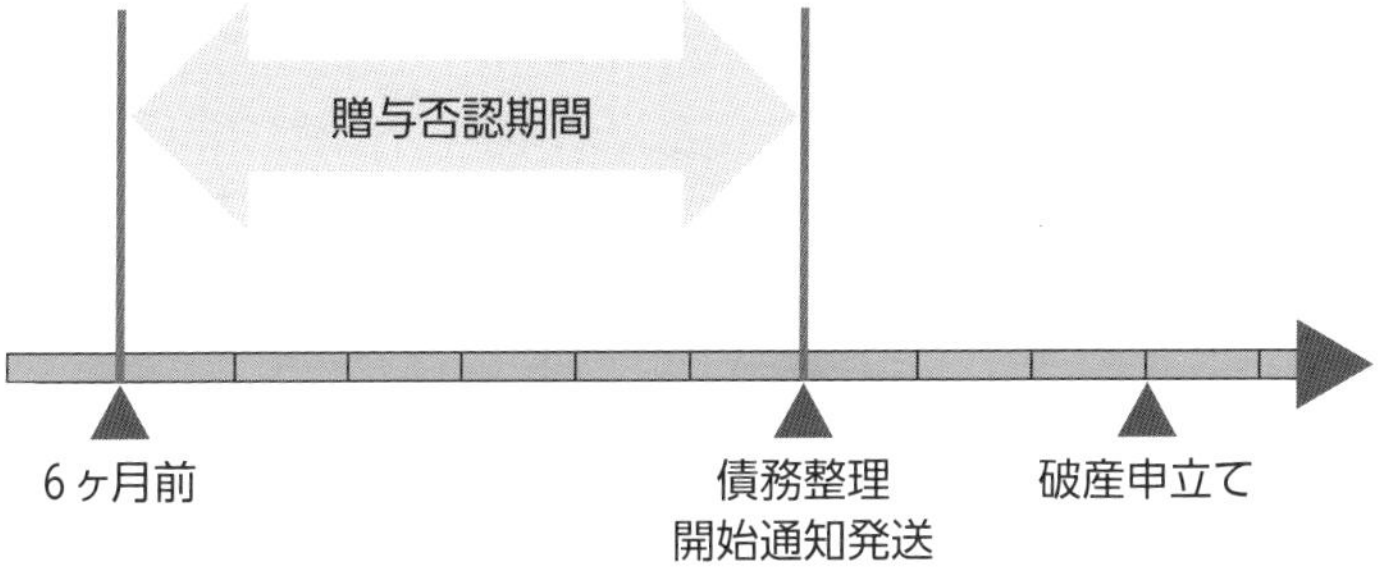

債務整理開始通知

弁護士による受任通知のこと。金融機関はこの通知を受領すると債務者企業（担当者）と直接の交渉・督促ができなくなる。

また、債務者企業にとってはこの債務整理開始通知を送った日が支払不能に陥った日とされ、同日より6ヶ月以内に行われた贈与取引が破産管財人により否認される（破産法160条）など、法的整理手続の基準日となる日であり、いわゆる「Xデー」と呼ばれる日となる。

月1日から6月30日までに債務者が行った贈与取引は一律否認の対象となるわけです。

私の関与する再生案件でも、やはりこの贈与取引で破産管財人から否認権を行使されるケースがあります。その象徴的なケースがありました。

その事例は、私の再生案件ではなく、私といつもタッグを組んで再生支援を行ってくれている弁護士が破産管財人として関わった破産手続の話です。

会社の破産手続の申立てと同時に、社長さんも自らの連帯保証債務を免責してもらうために自己破産の申立てを行いました。破産管財人は当然に法人と個人の双方につき、否認権の対象となる財産移転行為がなかったかを精査します。

すると、その社長さんは支払不能となった日（代理人弁護士が債務整理開始通知を送った日）から遡ることちょうど6ヶ月前にあたる日に、自宅の所有権を妻に対して贈与していた事実が不動産登記簿により判明したのです。

債務者側の代理人弁護士は、その事実に対して、贈与契約は６ヶ月以上前から締結されていたが、自宅の所有権移転の登記だけが６ヶ月以内になって行われただけだと主張しましたが、法律はそんなに甘いものではなく、破産管財人は破産法１６０条３項（贈与否認）の規定に基づき、同贈与取引を否認する旨を伝えたのです。

ただし、実際に否認権を行使するには破産管財人の職権で否認することはできず、あくまでも新たに裁判（所有権移転取消訴訟）を提訴しなければなりません（破産法１７３条）。その訴訟にかける時間と費用を考慮した結果、破産管財人は債務者との間で２０００万円を破産財団に組み入れることで贈与取引を承認したとのことでした。

このように、リスケ企業が破産手続やむなしの状況になると、緊急避難的に見境なく法人や社長さん個人の財産を親族に贈与してしまうケースが結構あります。特に社長さんの自宅については、婚姻期間が20年以上の妻への贈与において、税務上、２０００万円の特別控除の規定があるため、破産法の規定を知らない税理士が、妻への贈与を社長さんに勧めるケースが生じてしまうのです。

そして３つ目は、破産法１６１条２項は、債務者と親族（同居者）との財産移転行為については、受益者につき悪意の推定を認めるというものです。すなわち、財産の受益者が債務者の親族である場合、その受益者は債務者が支払不能状態にあったことを知っていたと法律上みなすというものです。したがって、財産の受益者が第三者であればこの悪意の推定がされないため、その財産移転行為が詐害行為であるということを、破産管財人側が立証しなければなりません。

それに対して、その受益者が親族であれば悪意の推定がされるため、債務者が支払不能状態であったことを受益者が知らなかった事実を、債務者側が立証しなければならなくなるのです。

第1章で説明したとおり、私も自らの倒産・再生手続の過程で20件に及ぶ民事裁判を経験しましたが、民事裁判において自らの主張を立証する（法律的には挙証責任を負う）ことは至難の業でした。まして、このケースでは、債務者が支払不能状態であったことを受益者が知らなかった事実を立証しなければならないのですが、こういう「〜でなかった事実の証明」というのは、事実上不能な立証のため、弁護士業界では「悪魔の証明」といわれています。つまり、挙証責任を負わされた段階、すなわち悪意を推定された段階で裁判は敗訴確定となり、財産移転行為は破産管財人により簡単に否認されることになるのです。

以上のことから、法人・個人の財産を素人考えで移転することは極めて危険であり、合法性を判断できる専門家の存在、すなわち「倒産法に精通した弁護士」の存在が不可欠であることがご理解いただけたかと思います。

「破産」を勧めない事業再生コンサルタント

私を含めた事業再生コンサルタントは、それぞれ色々な考えをもっており、同じ事業再生に関する本でも、「破産手続なんか絶対にするな！」とか、「借金なんか放置すればいい！」というような考えのもと、第二会社方式による再生を勧めるケースがあります。

確かに、会社の債務が金融機関や税金、社会保険料等の公的機関だけの場合には、債務を放置して第二会社に事業を譲渡してしまえば、前述の破産管財人による否認権行使等の議論もなく、社長さんは債権者から逃げ回っていれば何とかやっていけるのかもしれません。

私の関与する再生案件でも、社長さんが高齢であり、さして事業譲渡するほどでもないケースであれば、あえて破産手続をとらずに放置することを選択することもあります。

そのようなケースでは、社長さんには財産もなく、年金収入しかないような場合が多いのです。年金の受給権は債権者からの差押え禁止財産なので、自己破産手続をとらなくても、社長さんの生活には実質的に何ら影響がないことになります。

モラルハザード

金融業界におけるモラルハザードとは、日銀特融や預金、保険といったセーフティネットの存在により、金融機関の経営者等が、経営や資産運用等の業務において自己規律を失うこと。このことを一般の会社の経営に置き換えると、会社の借入金の返済について、安易に返済不能となり、倒産法の規定で債務の免責を求めるような行為といえる。

序章でお話した再生事例においても、S社は自己破産手続を申し立て、裁判所から破産免責を受けましたが、A社長さん個人はメインバンクが強引に勧めたデリバティブ取引により多額の損失を被り、経営破綻に至った事実に激しい憤りを覚えたため、自己破産手続を選択しませんでした。そして、最終的には民法の規定する債権消滅時効により2億円の債務は免責され、メインバンクに対する連帯保証債務3億円は系列サービサーとの消滅時効前の交渉により1000分の1にあたる30万円で和解したケースもあり、一概に法的整理を放置することが悪だとはできません。

しかし、そうしたケース以外では、借金を放置したまま第二会社で再生云々というのは、社長さん自身も自らの経営責任を曖昧にすることになり、**「モラルハザード」**に抵触すると同時に、再生のスタートをなかなか切れない状況に陥ることになります。

実際にあった話ですが、会社の借金を放置し、第二会社で見事に再生を果たした社長さんがいました。

再生のスタートを切った当初は、前会社の債権者の目を気にして控えめな生活をしていたのですが、時間の経過とともに段々と大胆になり、ほとぼりが冷めたとでも思ったのか第二会社の代表取締役に就任して多額の役員報酬を取り、自己名義の財産を取得しだしたのです。

そんな折に保証協会から、その社長さんの役員報酬と取得した財産（不動産）に仮差押え処分が下されたのです。

保証協会は公的機関ですから、会社の借入金の連帯保証をした社長さんに対して無理な取立行為はせず、その債務者の資力に応じた返済方法（例えば月1万円だけの支払いなど）を柔軟に許容してくれます。しかし、このケースのように露骨な行為に関しては、当然ですが毅然とした態度で社長さんの財産を差押さえてでも連帯保証債務の回収を行うのです。

本気で再生をすると考えるならば、債権者からこそこそ逃げ回る生き方をするのではなく、破産手続を通じて社長さん自らの経営責任を明確にし、事業・生活・財産を合法的に守るべきと私は考えます。

また、「破産」を勧めない事業再生コンサルタントが一定数いるのには理由があります。そのようなコンサルタントはリスケ企業の顧問と称して、金融機関やその他の債権者との交渉業務を大胆に行っているケースが多いのですが、実はその交渉業務は「**非弁行為**」と言って、弁護士法

非弁行為

「…弁護士でない者は、報酬を得る目的で…法律事件に関して鑑定、代理、仲裁若しくは和解その他の法律事務を取り扱い、又はこれらの周旋をすることを業とすることができない…」（弁護士法72条抜粋）と法律で定められており、非弁行為とは、この法律に違反した行為をいう。

したがって、リスケ企業の債務整理問題において、弁護士でない者、具体的には事業再生コンサルタント等が過度に金融機関と法律交渉等を行った場合は、この非弁行為に抵触することになるので注意が必要である。

に抵触しているのです。リスケ企業の再生局面における債権者との交渉業務は、本来は弁護士だけに認められた独占的業務です。そのため、弁護士資格をもたない者が過度の交渉業務を行うと弁護士法72条に規定する非弁行為に該当するとして刑事罰として罰せられることになります。

したがって彼らは、自らの業務が非弁行為と認定されることを危惧して、再生案件に弁護士が介入することを敬遠する傾向があり、その結果、弁護士を必要とする破産手続を極端に嫌うという構図があるのです。

言い方が悪いかもしれませんが、社長さんの会社の再生のことよりも、自らの主導権を優先するために、本来は破産処理すべきものをモラルハザードを無視して「借金を踏み倒して放置」するという愚策を勧める事業再生コンサルタントが多くいることを覚えておいてください。

そのような再生コンサルタントは社長さんにとって有益な存在とはいえません。

破産手続は破産管財人（弁護士）と代理人弁護士との話し合いの場に過ぎない

「破産」を勧めない事業再生コンサルタントには、前述のとおりコンサルタント自身が弁護士と関わりたくないという理由とは別に、実は破産手続の実情（運用ルール）をそもそも知らないという現実があります。

私の実施する事業再生セミナーの受講者の中には、同業者である再生コンサルタントも多くいて、私の話す破産手続のイロハに興味をもち、あれやこれやと自らの抱えている再生案件の相談をしてきますが、今まで出会った同業者で破産手続に精通している方は一人もいませんでした。

そのような理由から、彼らは「借金の放置」という回りくどい再生スキームを策定し、モラルハザードを無視した再生支援を日常的に行ってしまうのです。

破産手続とは、法人・個人の債務を免責（免除）してもらうための裁判手続ですから、当然ながら破産法という法律の枠組みの中で厳正に行われるものです。しかし、実際の運用では、序章で述べたように、リスケ企業の破産手続は「少額管財事件」と呼ばれ、費用面においては裁判所に支払う予納金も20万円程度と極めて少額です（東京地裁の場合）。また、手続面においても、約6ヶ月間に地方裁判所と破産管財人（弁護士）の事務所に代理人弁護士同席で各2回程度訪問するだけで、免責決定を受けられるという極めて事務的な手続といえます。

仮に破産申立て前に時期的に疑義のある事業譲渡取引があったとしても、破産管財人が前述の否認権をもち出すことはなく、基本的には代理人弁護士との間で話し合いを重ね、和解という形で同取引を容認するというのが現実です。

私が関与した50件以上の再生案件において、破産管財人の会計的無知により否認権訴訟を提訴されたことは2度ほどありますが、否認権は、いわゆる「伝家の宝刀」であり、最終的には「解決金の支払い」という名目でわずかな和解金（30～50万円）を支払って、大半は破産手続を終結してもらっているというのが偽らざる現実です。

破産管財人も債務者の困窮した経済事情を知悉しており、国益の観点からもリスケ企業の事業が第二会社で存続し、無用な失業と取引先の連鎖倒産を防止すべきことも理解しています。

そのため破産管財人は、代理人弁護士との和解協議に時間を割き、破産法の枠組みの中で最大限に、債務者の再生を後押しするというのが実情です。また、その容認の姿勢こそが、弁護士業界が指針とする「社会正義の実現」に他ならないのではないでしょうか？

私は決して破産法の規定が緩いといっているのではありません。

本書を読まれている社長さんが、倒産法に精通した弁護士のもとで破産手続を申し立てれば、破産管財人（弁護士）と代理人弁護士との協議（話し合い）により、社長さんの再生を倒産法が許容する範囲で支援してくれるということを私はお伝えしたいのです。

再生局面における弁護士の絶大な力を知れば社長さんも決断できる

本章では、社長さんの再生可能な事業を、信頼できる第三者（第二会社）に事業譲渡し、従業員の雇用と取引先との取引関係を守りきることが、自主再生が困難なリスケ企業の現実的な「再生の出口」となることを説明してきました。ここからは、この第二会社方式の事業譲渡取引を円滑に行うための強力な武器となる、弁護士による債務整理通知の発送について説明します。

自主再生困難なリスケ企業の社長さんは、日々資金繰りに追われているため、客観的かつ冷静な判断のもとで再生可能な事業を選別・譲渡することができない精神状態にあります。私のところに相談に来られる社長さんの大半は、精神的に病まれた状態で心療内科に通われたり、睡眠薬を服用されています。

私もANJO社の経営者として5年ほど資金繰りに追われた経験がありますが、正直にいって生きた心地がしなかったことを今でも覚えています。

利益を出すためには、売上を拡大しなければ、また、経営を合理化しなければと心は焦る一方ですが、頭の中を駆け巡るのは明日の支払いや月末の支払いのことばかりです。自業自得とはいえ、混乱した精神状態で日々自転車操業をしている社長さんが大半です。

ところが、私のところに相談に来られる社長さんたちは、倒産法を駆使することにより会社と自らの債務が合法的に除去され、再生可能な事業だけを自らの信頼できる第二会社に譲渡することにより事業が存続し、同時に自らの財産・生活も維持できるという「今、打つべき手」を知らされることになります。そして、「再生の出口」に向けた取組みを開始する決断をされると、その時から社長さんたちの精神状態は大きく好転することになります。この社長さんの心の変化こそが、再生の可否を大きく作用するものであり、またそれが私にとっては事業再生コンサルタント冥利に尽きる瞬間でもあります。

そして、第二会社への事業譲渡がなされ、第二会社の事業がスタートした段階で倒産法に精通した弁護士に依頼して、金融機関等の債権者に対して債務整理通知の発送を依頼することになります。

この段階で社長さんは、事業を遂行するために必要となる会社の実印・印鑑カード・通帳・銀行印などを弁護士に預けることになり、以降は弁護士が倒産法に抵触しない支払い（人件費・法的整理費用・弁護士報酬等）を代理して行い、破産管財人に残資金を引き継ぎます。

その結果、弁護士が会社の代理人となり債権者に対して債務整理通知（破産通知ではありません）を発送すると、金融機関を中心とする債権者への支払いは停止され、しかも、債権者からの督促もピタッと止まります。これにより、社長さんは資金繰りの苦しみから解放されることになるのです。

私の再生案件でも多くの社長さんが異口同音に、

「弁護士先生に債務整理通知を発送してもらって、資金繰りの心配がなくなり、ようやく眠れるようになりました」

という言葉を口にされるのです。

どんな形であれ、当座の資金繰りの心配がなくなるだけで、社長さんの精神状態は元の健全な状態に近づくのです。

弁護士にとっては、債務整理通知を発送することで、支払いや督促が止まるのはごく当たり前のことですが、社長さんにとってみれば、天地がひっくり返るほど驚く効果があるのです。

このように、債務整理通知の発送による資金繰り効果や破産手続における破産管財人との和解交渉など、再生局面における弁護士の絶大な力を社長さんが理解すれば、厳しい再生の決断もできるのではないでしょうか？

ただし、税務当局や社会保険事務所に対しては、債務整理通知の効果として支払いの停止や督促の停止という効果は残念ながら期待できません。

特に最近における税務当局の対応としては、債務整理通知の受領により、ただちに会社の財産を差し押さえる（仮差押えではなく本差押え）ケースが散見されるため、租税債務については分割してでも支払いを継続する必要があります。

ちなみに、税務当局は裁判所より破産開始決定通知（差押え禁止命令を意味します）を受領した段階で、差押え等の徴収行為を停止するという仕組みであることをお伝えしておきます。

第4章

「倒産法」を使えば社長さんの生活（家族）と財産（自宅）を守れる！

「再生の出口」とは、会社の事業だけではなく、社長さんの生活（家族）・財産（自宅）まで守ること

社長さんの経営責任（連帯保証債務）の整理までが再生手続

さて本章では、通常の事業再生に関する書籍ではなかなか踏み込むことのない社長さん個人の経営責任の問題、すなわち社長さんが負った連帯保証債務の整理の仕方について説明したいと思います。

おさらいになりますが、前章では「倒産法」を駆使して自らの再生可能な事業を第二会社に事業譲渡し、従業員の雇用と取引先の連鎖倒産を抑止するという再生手法を説明しました。

しかし、それだけで再生手続が成功したわけではありません。

通常の指南本であれば、会社の債務処理だけの話で終わってしまい、社長さんたちは、**「私の経営責任（連帯保証債務）の問題はどう処理すればいいのでしょうか？」**と、中途半端な指南に疑問をもたれるケースが多々あるかと思います。要するに、多くの事業再

生本の著者は、「再生の出口」の本質がわかっていないということなのです。

倒産・再生の経験者である私からすると、事業再生支援とは、**「会社の事業と経営者の生活（家族）・財産（自宅）を倒産法の剣を用いて再生可能な出口に導くこと」**であり、経営者の生活・財産まで可能な限り守ることを再生支援の大前提と考えています。

家族との絆が守れれば社長さんは厳しい決断ができる

リスケ企業の社長さんにとって、会社の事業と自らの生活・財産は、ほぼ一体のものですから、会社の事業だけの話で終わってしまうと、それだけでは社長さんは再生に向けた厳しい決断ができないものです。なぜなら、自らの生活・財産の裏側には家族というかけがえのない大切な存在があるからです。

したがって、その家族との絆を守れる再生支援スキーム、具体的にいえば社長さん自らの生活（家族）・財産（自宅）を守れるものでなければ、社長さんは抜本的な事業再生への決断ができないのです。

今まで多くの社長さんが倒産処理によって身ぐるみをはがされ、会社の事業のみならず、自らの生活・財産までをも失い、最も大切な家族との絆までも失ったという話をよく耳にします。

それは、本書の冒頭（はじめに）で説明したとおり、事業再生に関わる各支援者（弁護士や税理士、そして事業再生コンサルタント等）が、再生の全体像（本質）を理解しないまま手当たり次第に自らのなし得る再生手続のみを部分的に実施してしまうからです。

しかしそれは、悪意があるわけではなく、本当の「再生の出口」を理解していないだけなのです。

本章では、どうすれば社長さんが自らの経営責任（連帯保証責任）を整理でき、生活（家族）・財産（自宅）を守れるのかを理解してもらいます。それを踏まえて、社長さん自らが主導して抜本的な事業再生の決断をしていただければと思います。

意外にわかっていない！ 会社の債務と社長さん個人の連帯保証債務は別物

社長さんの経営責任を整理するのも倒産法です

私の関わる再生支援案件で社長さんにまず最初に説明するのは、「**会社の債務と社長さん個人の連帯保証債務は別物**」ということです。

なぜなら、法律にうとい社長さんたちは、会社の債務を破産手続で法的に整理すれば、社長さん個人の連帯保証債務もなんとなく同時に整理（免責）されると思われている方が意外に多いからです。

つまり、会社の債務処理にあたり、自らの経営責任（連帯保証）の追及のされ方すら知らないまま再生支援の専門家に促されて決断してしまっているということになります。

そのため前述のとおり、中途半端な会社の倒産手続により自らの生活・財産まで身ぐるみをはがされるという悲惨な事態が後を絶たないのです。

したがって今、会社の事業再生を考えている社長さんは、会社の債務の問題と社長さん個人の連帯保証債務の問題は切り離し、冷静に整理方法を考えなければならないということを肝に銘じてください。

社長さんの債務整理の最大のネックは自宅の保全処理

さらにいうと、社長さん個人の連帯保証債務の問題を整理するということは、社長さん名義の財産も同時に整理しなければならないということなのです。

その財産の中でも、特に社長さん名義の不動産（自宅）が整理の中心となってしまうのです。それは、自宅が相対的に高額な財産であることと、不動産登記簿等によりその所有関係が客観的に破産管財人等により明らかにされてしまうからです。

前章で述べた破産法の「贈与取引の否認」や「親族間取引の悪意の推定」で最も対象となりやすいのが自宅の財産移転取引なのです。

私の実施する再生支援の現場では、会社の事業を第二会社に譲渡することで否認されることはまずありません。なぜなら、再生可能な事業の譲渡とはいっても、もともとは慢性的な赤字を余儀なくされてきた事業に財産的価値を見出すこと自体が困難であり、せいぜい事業に関連する在庫や設備・買掛債務を譲渡するだけのことです。そのため、それらの財産に抵当権等の別除権が付いているケースを除き、適正な時価で譲渡すれば、債権者の権利を特段侵害することもなく、後々、破産管財人より破産法１７３条の否認権を行使されることはありません。

しかし、社長さん個人の連帯保証債務を整理する段階で最も守りたい財産である自宅は、住宅ローンの債権者により抵当権という別除権が設定されており、債権者の債権回収の手段としてガッチリとロックされています。そのため、後述しますが、自宅を手放さずに整理する方法は極めて限られており、再生支援者である私もいつも頭を悩ませることになります。

しかし、安心してください。

自宅を守ることは、事業の譲渡に比べてはるかに困難ですが、あらゆるケースに応じて、倒産法にのっとった保全方法があり、私は自宅（家族）を死守したいという社長さんの切々たる願いを何十件も実現してきたのです。

民事再生手続の「住宅資金特別条項」を使えば自宅を手放さずにすむ

99%の税理士が知らない「住宅資金特別条項」とは？

社長さんの自宅を死守する手法は、社長さんが負ってしまった連帯保証債務額の多寡によって異なり、その難易度が大きく変わるということをご存知でしょうか？

ここからは、社長さんの生活・財産を守るために必要な倒産法の手続（自己破産手続・民事再生手続）の話になりますが、再生を目指される社長さんにとって極めて重要なところですので、理解されるまで何度も何度も読み返していただきたいと思います。

その理由は、99%の税理士はこのあたりの知識をもち合わせておらず、本来は「再生の一丁目一番地」であるはずの「社長さんの自宅の保全」が何ら配慮されないまま、長年にわたり会社の債務問題ばかりが議論され、生殺しのような再生支援手続ばかり続いてきたからです。

社長さんの債務残額に応じて債務整理方法が変わる

社長さんが負っている債務残額が現在いくらなのかにより、自宅を死守するための手法が必然的に導き出されることになります。

まず、社長さんの連帯保証債務の整理手段として、現実的に利用可能な倒産法の手続は、自己破産手続か民事再生手続です。さらに後者の民事再生手続には、いわゆる上場企業の倒産時に利用される「通常の民事再生手続」と、申請者が個人に限定された「簡易な民事再生手続」の2つがあります。

自己破産手続は民事再生手続が使えない場合に使うので、まず最初に、民事再生手続を利用した自宅を死守することから説明します。

民事再生手続は財産を処分しない債務整理方法

自己破産手続は、申立て時点の債務者のすべての財産（一部残される財産がありますが）を換金処分して債権者に支払う代わりに、原則的に債務者は残りの債務全額（税金、社会保険料等は除きます）について免責処分（債務免除）を受ける裁判手続です。

これに対して民事再生手続の特徴は、原則として財産の換金処分によってではなく、債務者の再生後の収入（可処分所得といいます）を原資として、債務の一部について債務免除を認め、残りの債務額を一定の期間（3～10年）に弁済するという債務整理手続なのです。

そして、民事再生手続の最大の目玉は、オプション（任意適用という意味）で**「住宅資金特別条項」**という、金融機関から借り入れた住宅ローンだけは、債務整理の対象としないという規定があることです。

この規定を簡単に説明すると、民事再生手続においては、社長さんの負った債務のうち、住宅ローンはそのまま従来どおり払い続ける代わりに自宅を手放さなくてもよいというものです。つまり、住宅ローン以外の債務だけ債務免除を受けるという、債務者にとって非常に都合の良い、魔法のような規定が存在するということなのです。

実際に私の民事再生手続のときも、この住宅資金特別条項を適用して自宅が残ったという再生経験をしました。正直なところ、他の債務（1億円）を9割も債務免除してもらいながら、自宅の住宅ローンだけを従来どおり払い続けるなんて許されるものかと半信半疑でした。しかし、現実には、債権者集会で再生計画案が可決されれば、あっさりと認められてしまうものであるとい

住宅資金特別条項

個人債務の法的整理として民事再生法を申請した場合において、一定の要件をみたせば、住宅ローン以外の負債について大幅な債務免除を受けつつ、住宅ローンの返済（住宅ローンの減額はない）を継続することにより自宅を確保することを可能にした特則。

図表4－1　自己破産手続と民事再生手続

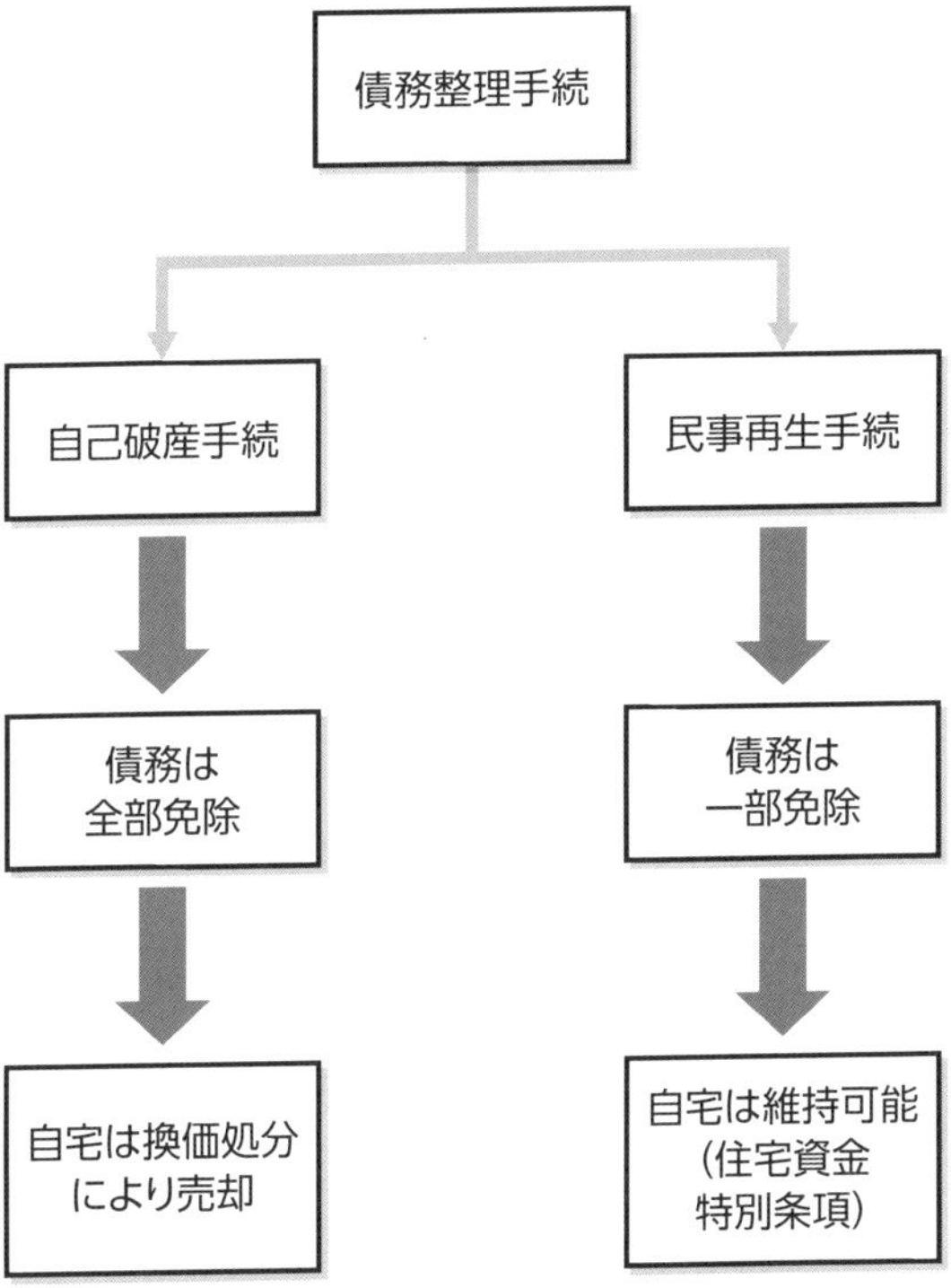

うことを体験することになりました。

余談ですが、社長さんの債務処理に関わっている税理士に、この民事再生手続における住宅資金特別条項の存在を知っているかどうか質問してみてください。もし、その税理士がこの規定を知らずに社長さんの会社の事業再生支援に携わっているとするならば、「再生の出口」のイロハも知らない支援者として、社長さんの人生と生活がかかった問題に今まで中途半端に関与していたということになります。

話は戻り、「**なんだ住宅資金特別条項を使えば、民事再生手続で自分の最も大切な財産である自宅はいとも簡単に守れるじゃないか**」と、安易に考えている社長さんもいるかもしれませんが、話はそう簡単ではありません。

やっかいな民事再生手続の可決要件

債権者（債権額、債権者数）の同意が必要

民事再生手続というのは、基本的に裁判官の職権により債務免責が決まる裁判手続ではなく、あくまでも債権者集会において債務者が提出する再生計画案を債権者による「債権額基準」と「債権者数基準」の両方で同意を得なければ認められません。そして、否決されれば自己破産に突き落とされてしまうという厳しい手続なのです。

私の民事再生手続においても、債権額基準では、債務総額1億円に対して2分の1以上である5000万円以上の債権額を有する債権者の同意と、債権者数基準では、19社にのぼる債権者の過半数である10社以上の債権者の同意という、両方の同意を得ることが民事再生手続可決の要件でした。

民事再生手続については、債権額基準と債権者数基準の両方について「債権者の同意」を得な

ければならないことを理解されたと思います。ここで、もう1つ知っておかなければならない問題として、「通常の民事再生手続」と「個人用の民事再生手続」とでは、この「債権者の同意」の同意方法について大きな違いがあることです。

それは、通常の民事再生手続においては、債権者からの「積極的な同意」が必要であるのに対して、個人用の民事再生手続においては、「消極的な同意」で構わないという、ややこしい違いがあるのです。

「積極的な同意」と「消極的な同意」の大きな違い

「積極的な同意」と「消極的な同意」、〝なんだ、そりゃ？〟と首をかしげる社長さんもいることでしょうから、私の民事再生手続における可決要件を例に説明させていただきます。

私の場合は、個人債務（ほとんどが連帯保証債務）の整理手続でありながら、かつて百貨店のそごうが2兆円の債務を整理するために適用した通常の民事再生手続を利用せざるを得ませんでした。

したがって私のケースでは、1億円の2分の1以上の債権額を有する債権者の同意と、19社の債権者のうち過半数の債権者から、私の再生計画案（もちろん、住宅ローンだけは払い続けるという住宅資金特別条項も含みます）について、「同意する旨の書面」を債権者集会において投じてもらわなければ、私の再生計画案は否決されるという、「積極的な同意」が可決要件だったのです。

ところが、私のケースが個人用の民事再生手続であったならば、「消極的な同意」が可決要件となり、1億円の2分の1以上である債権額を有する債権者の不同意（積極的な反対）と、19社の債権者のうち過半数の不同意（積極的な反対）を債権者集会において投じられなければ、その再生計画案は消極的に可決されたことになるのです。

なんとなくわかったような、わからないような具体例ですが、要するに民事再生手続における債権者の立場というのは、債務者が提出する再生計画案に対して、**「積極的には賛成ではないが、積極的に反対でもない」**という心証が圧倒的なのです。

したがって、債権者が裁判所から再生計画案の是非を問われた場合には、「積極的には賛成ではないが、積極的に反対でもない」という考えのもと、実は投票しない（意思表示しない）という行動に出ることとなります。つまり、結論からいえば不同意票（反対票）が投じられなかったことになるので、裁判所としては「消極的な同意」があったと判断して、再生計画案を認める判決を出すことになるのです。

図表４－２　民事再生手続における債権者の同意要件

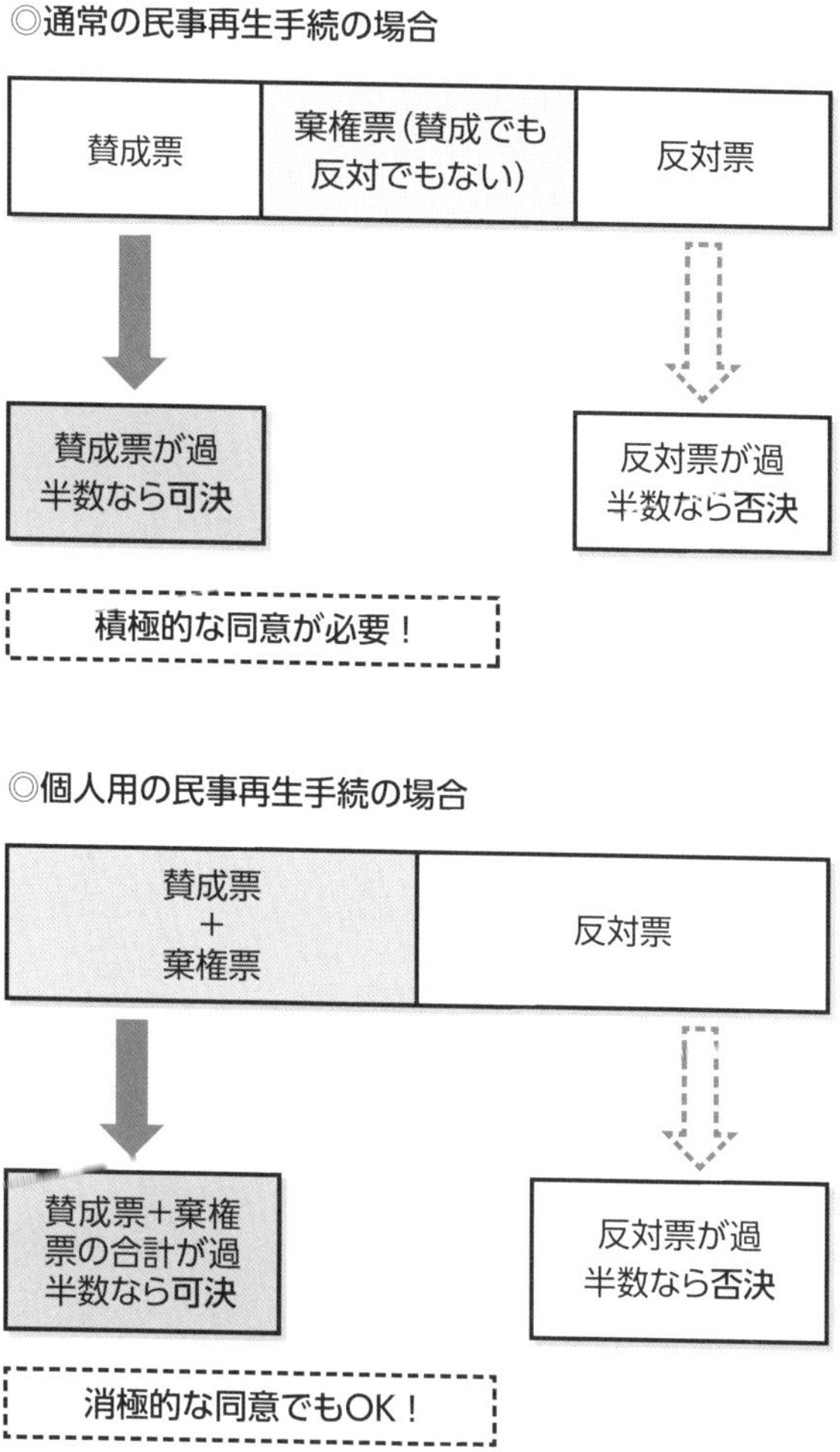

逆にいえば、私のケースもそうでしたが、自らの再生計画案について債権者から「積極的な同意（賛成）」を得るには大変な苦労を要するもので、債権額の大きかった複数の債権者のところには何度も代理人弁護士と出向き、再生計画案の実現可能性を説明したことを昨日のことのように覚えています。

また、住宅資金特別条項がオプションで付いていたため、

「自宅を手放さずに、住宅ローン以外の債務だけ9割も免除してくれなんて、ムシがよ過ぎるんじゃないの？」

と苦言を呈されることもありました。

このように、「通常の民事再生手続」と「個人用の民事再生手続」とでは、債権者集会における同意の可決要件に大きな違いがあることを理解されたかと思いますが、前述のとおり、私が可決要件の厳しい「通常の民事再生手続」を申し立てざるを得なかったのは、自らの債務総額が5000万円を超えていたからなのです。

債務総額（借金）５０００万円が運命の別れ道

個人の民事再生手続は債務総額５０００万円以下

社長さんが、可決要件をみたしやすい「個人用の民事再生手続」を申し立てるには、どのような基準（要件）が必要かということになりますが、問題は、社長さんが現在負っている債務総額なのです。

すなわち、その債務総額が５０００万円以下であれば、個人の民事再生手続の申立てが可能であるのに対して、５０００万円を１円でも超えると、通常の民事再生手続しか申し立てることができません。つまり、個人の債務整理手続でありながら、上場企業と同じく高額の費用をかけて、極めて厳格な手続で債権者の同意（積極的な同意）を取り付けなければならないということになるのです。

図表４－３　債務総額別の債務整理手続体系

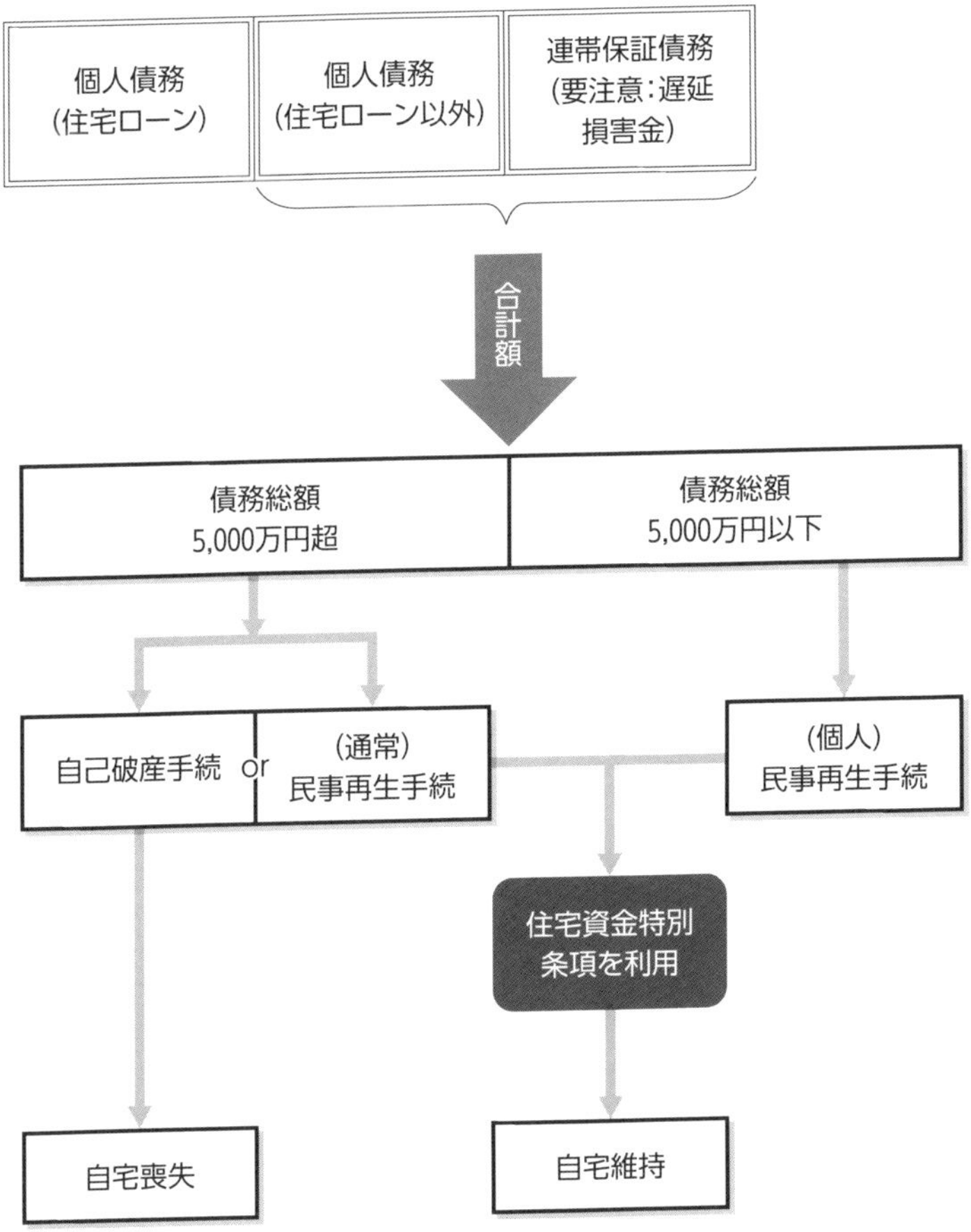

遅延損害金が債務総額に含まれる

そして、その債務総額について注意して欲しいのは、その計算方法です。実は、これには非常に大きな落とし穴があるのです。

今までは「債務」という言葉で説明してきましたが、民事再生手続における債務総額の中には、前述のとおり、住宅ローンや債務免除の対象とならない個人の税金や社会保険料等の未納額は含まれません。ところが、社長さんの主たる債務である連帯保証債務には、ただ単に社長さんが連帯保証したという債務だけではなく、これに会社が支払不能となった日から年率14.6％という遅延損害金が加算されるのです。

この遅延損害金というのは、会社が金融機関に対する「期限の利益」を喪失した時点から、年率14.6％で課金され続けます。例えば、社長さんの連帯保証債務自体は4500万円しかなくても、民事再生手続の申立て日が期限の利益を喪失してから1年を経過していれば、遅延損害金は657万円となり、社長さんの債務総額は4500万円ではなく、遅延損害金の657万円を加えた5157万円ということになります。

したがって、このようなケースの場合、社長さんの債務額は5000万円を157万円超過しているので、個人用の民事再生手続により債務整理を行うことができません。そのため、高額な費用と厳格な手続が求められる通常の民事再生手続によらなければならないことになるのです。

これは、決して理屈上の話ではありません。

26万円の超過で自己破産した社長さん

実際に私が再生支援をしたある社長さんのケースでも、裁判所に債務総額5000万円以下の個人用の民事再生手続を申し立てて、これに住宅資金特別条項をオプションで付けて自宅を死守しようとしました。ところが、債権者である保証協会から遅延損害金が加算されたため、債務総額が5026万円となり、申し立てを取り下げざるを得なくなったということがありました。

もちろん、わずか26万円の超過という理由で自宅を守れないというのは、気の毒過ぎる話です。そのため、代理人弁護士も保証協会に対し、26万円の遅延損害金を免除していただければ、個人用の民事再生手続を申し立てることができる旨の事情を話して交渉してくれました。しかし、保証協会サイドは、

「国民の血税で運営している以上、1円たりとも債務免除に応じることはできない！」

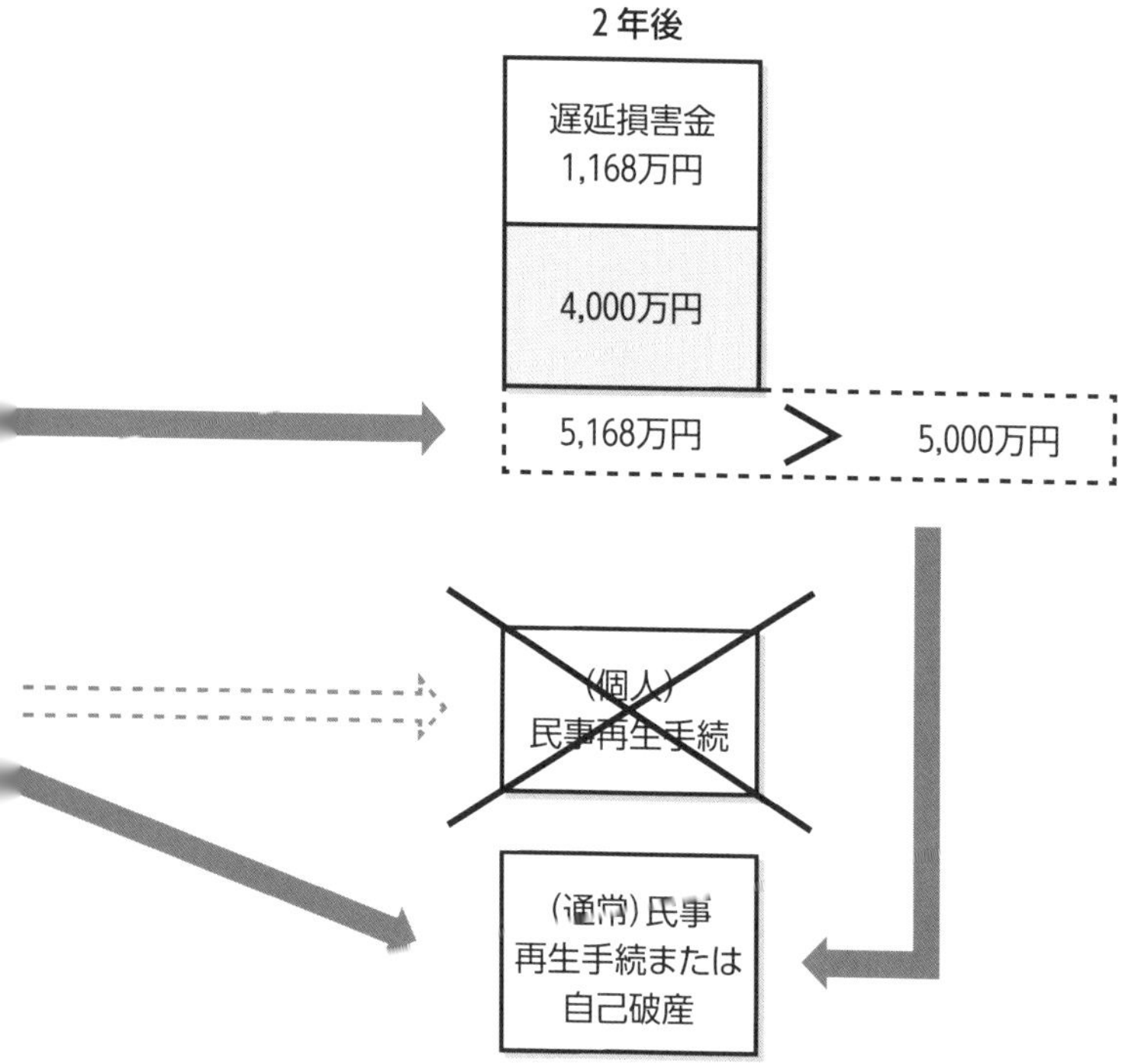

2年後
遅延損害金
1,168万円
4,000万円
5,168万円
＞
5,000万円
（個人）
民事再生手続
（通常）民事
再生手続または
自己破産

図表４－４　遅延損害金と再生手続

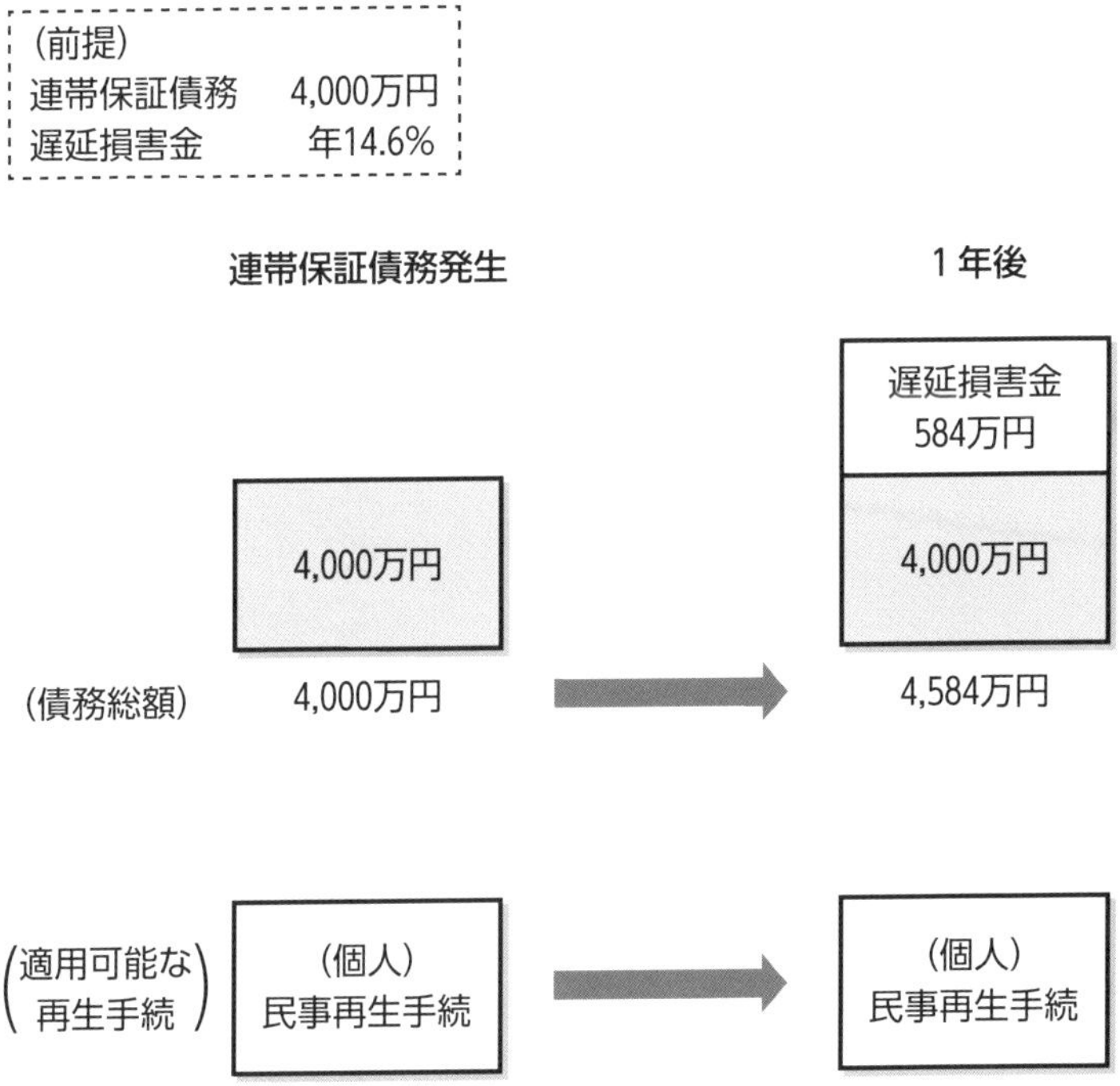

との一点張りで、結局、その社長さんは個人用の民事再生手続による自宅の死守を断念し、後述するような**「買戻特約付任意売却スキーム」**という、私が常套手段として利用する自宅保全方法を選択し、債務整理手続については自己破産手続をとられることになりました。

後で重要な論点として説明することになりますが、このケースが示すとおり、日本政策金融公庫や保証協会という公的な機関は、実はこのような法的整理の局面においては、「国民の血税で運営している以上、1円たりとも債務免除に応じることはできない！」との姿勢で、例外なく債務者の法的債務整理手続に非協力的（反対）な立場を一律にとるということを覚えておいてください。

残念ながら、公庫と保証協会は債務免除に同意してくれない

金融機関は「経済合理性」で債務免除に応じる

前述しましたが、公庫と保証協会は一律に債務者の法的整理手続において、債務免除について非協力的な立場をとります。しかしながら、民間の金融機関が債権者の場合、債務者の法的整理手続において債務免除に応じてくれるかどうかというと、実は応じてくれるものなのです。

なぜならば、金融機関としては「経済合理性」の観点より、債務者が自己破産して1円も回収できなくなるよりも、1円でもいいから回収しなければならないという判断をするからなのです。

私の民事再生手続のときも、大口債権者に公庫がいたため、何度か再生計画案の説明に伺いたい旨を代理人弁護士より連絡していただきましたが、「1円たりとも、債務免除には応じない」という姿勢は変わらず、債権者集会においても不同意票（反対票）を投じられ、危うく私も自己破産に陥るところでした（もっとも、最初から公庫が不同意票を入れるという前提で民事再生手続を

申し立てたのですが…）。

つまり、先ほどの消極的な同意に関する債権者の心証の議論は、公庫と保証協会は該当しないということになるのではと気づかれた社長さんは、本書をよく理解されていることになります。

これまでに、積極的な同意だ、消極的な同意だといっても、公庫と保証協会がどちらも同意しないのであれば、そんな議論自体に意味がないのではないかと思われるのも無理はありません。

社長さんの債務の大半は公庫と保証協会

本書で再生の出口を探されている社長さんの主たる債務は、間違いなく公庫と保証協会に対する連帯保証債務なのですから、債務が５０００万円を超えるとか超えないとかの話以前に、債権者による同意が必要な民事再生手続自体が無意味な話なのです。

「給与所得者等再生手続」なら「債権者の同意」はいらない

「小規模個人再生」と「給与所得者等再生」

では、なぜ私が回りくどく社長さんの自宅を死守する手法として民事再生手続の話をしてきたかというと、実は個人用の民事再生手続の中に、「債権者の同意」をそもそも必要としない「給与所得者等再生手続」というのがあるからです。

個人用の民事再生手続には「**小規模個人再生手続**」と「**給与所得者等再生手続**」の2つがあり、前者は債権者の「消極的な同意」が可決要件になるのに対して、後者は裁判所の職権で債務免責されることになります。

難しい説明は省きますが、後者については、一定の安定した給与所得者等であれば誰でも中立てができ、債権者の同意なしで最大9割（債務総額が3000万円以上5000万円以下の場合）の債務免除が受けられます。また、前述の住宅資金特別条項をオプションで付ければ、自宅を手

図表４－５　小規模個人再生手続と給与所得者等再生手続

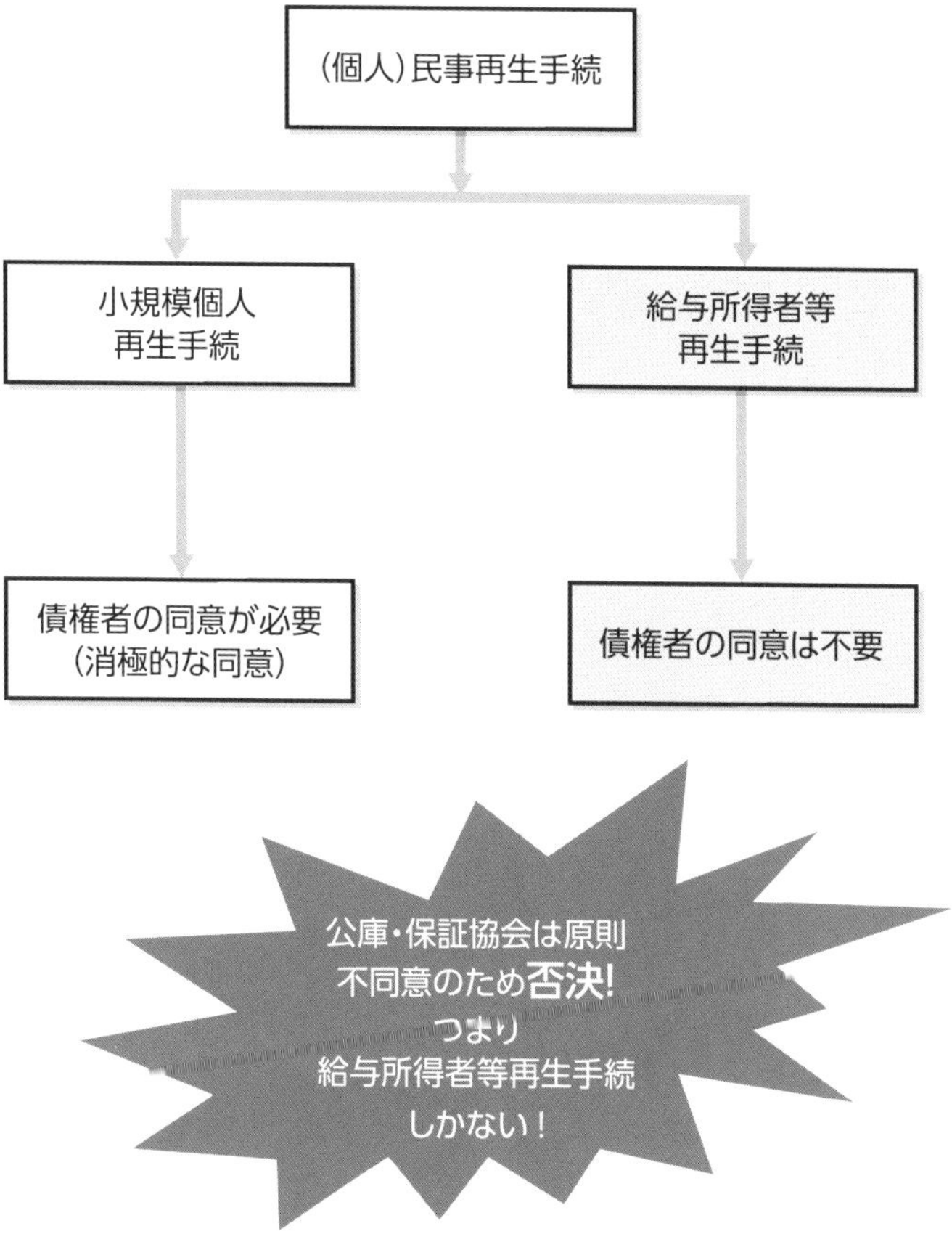

小規模個人再生手続

小規模個人再生手続とは、個人の事業者で債務総額が5,000万円以下の場合に申請できる民事再生法の手続のことであり、破産した場合の配当可能額と、同法による最低弁済額のいずれか大きい額まで債務免除を受けることが可能となる。

ただし、小規模個人再生手続は給与所得者等再生手続と大きく異なり、可決要件として債権者の同意（消極的な同意）が必要となる。

給与所得者等再生手続

小規模個人再生手続は可決要件として債権者による同意（消極的な同意）が求められるため、債務免除を一切認めない公庫や保証協会等の公的機関が債権者として過半数を占める場合には回避策として債権者の同意を必要としない給与所得者等再生手続が利用される。

ただし、給与所得者等再生手続を申請するには、債務者が給与所得者（またはそれに近い定期収入がある）で、収入額の変動が少ないという条件が付され、また最低弁済額基準として債務者の２年分の可処分所得合計額が加わることから、一般的に小規模個人再生手続よりも弁済額が大きくなることになる。

放さずに社長さんの連帯保証債務を整理することができるというものです。

600万円の安定した年収が必要

しかし、ここで聡明な社長さんなら、ある疑問がわくはずです。

給与所得者等再生手続は債権者の同意もいらず、自宅も手放さずに最大9割の債務免除を受けられ、なんてありがたい債務整理手続なんだと思うと同時に、**「でも、会社が倒産した直後に一定の安定した給与収入なんてもらえるはずがない」**という疑問をもたれるのではないでしょうか？

確かに社長さんは倒産会社の代表取締役として約6ヶ月間にわたって会社の破産手続において、代理人弁護士とともに破産管財人（弁護士）に協力する義務があります。

実際の少額管財事件の場合であれば、破産手続のために裁判所に2回、破産管財人の事務所に2回、合わせて4回ほど出向く必要がありますが、それ以外の時間はどこで働いてもかまわないのです。

会社の倒産は刑事犯罪ではない

私のところに相談に来られる社長さんがよく勘違いされているのは、会社が破産（倒産）した事態について、まるで刑事犯罪でも犯したかのように自分の経営責任に苦しんでいる方が実に多いということです。

会社が破産し、債権者やあらゆる方々に迷惑をかけてしまったのだから、ビジネスマンとして一定の責任を負うのは当たり前のことで、だからこそ現に、経営者として、連帯保証債務を負わされているのです。

したがって、それ以上に、自らの責任ばかりに苛まれていては、「再生の出口」なんて絶対に見つかりません。

とにかく破産手続中は、約６ヶ月の間に４回ほど裁判所等に出向く時間が必要ですが、それ以外の時間は別の会社等で働いて給与収入等を得ていても問題はないのです。ただし、給与所得者等再生手続を裁判所に認めてもらうには、例えば、債務総額が約５０００万円の場合、通常は、約６００万円の給与収入が求められます。

しかし、会社の破産直後に年収約６００万円を得ることは決して簡単ではありません。

第二会社における社長さんの立ち位置

ただし、ここで臨機応変に考えていただきたいのは、社長さんが自らの経営責任と引き換えに守った第二会社の存在です。

破産手続中に社長さんが第二会社の役員や株主であったりすると、破産管財人から破産法173条の否認権を、いつ突きつけられるかという心配がありますので、それはやめたほうがよいと思いますが、顧問や従業員として働くことまで否認されるわけではありません。

したがって、給与所得者等再生手続を利用する場合に最も有効な手立ては、必要な給与収入を第二会社から得る算段をあらかじめ立てておくということなのです。

その結果、第二会社方式による外科型再生スキームにより、会社の事業は第二会社で再生し、社長さんの生活・財産（自宅）も、第二会社での雇用と、給与所得者等再生手続（住宅資金特別条項付き）の認可により守ることが可能になるのです。

なお、余談ですが、先ほどの年収600万円については、裁判所側（破産管財人に相当する弁護士を監督委員といいます）も、配偶者の収入や親族からの支援額等も債務者の収入とみなして、柔軟に考慮してくれますので、必ずしも第二会社から無理して600万円の収入を得ることはない旨を付け加えておきます。

5000万円超の債務を負った社長さんの自宅を死守する手法

債務総額5000万円を超える社長さんが9割以上

社長さんの債務総額が5000万円以下であれば、給与所得者等再生手続により、債権者の同意を得ることもなく自宅を手放さずに債務整理を行うことが可能であることは理解されたと思います。

しかし、私のところに相談に来られる社長さんの9割以上は、残念ながら5000万円を大きく超える連帯保証債務を負っており、給与所得者等再生手続で自宅を守るという再生手法は使えないのが実情です。なぜなら、現行の中小企業金融の仕組みとして、大半は保証協会の保証付き融資が圧倒的であり、ある程度の規模の中小企業であれば8000万円までの保証協会枠の限度額まで使っているケースが大半だからです。

正直にいって、5000万円超の債務を有する社長さんに関しては、通常の民事再生手続で住宅資金特別条項を付けて、自宅を手放さずに債務整理を行うということは現実的ではありません。

それは前述したとおり、リスケ企業の社長さんの債務の大半は、公庫と保証協会（金融機関への債務は代位弁済により保証協会に移行します）に対する連帯保証債務だからであり、これらの債務が過半数を占める以上、民事再生手続が可決される可能性はほぼ0％なのです。

債務総額5000万円超の社長さんは自己破産しかない

通常の民事再生手続が可決の見込みがないということであれば、債務整理の残る選択肢は、社長さんの会社と同じ自己破産手続によるしかありません。

しかし、自宅を所有した状況で自己破産手続を申し立ててしまうと、当然ながら破産管財人か抵当権者（住宅ローン残債務が時価を上回る場合）により競売されて自宅を失ってしまうことになるのです。

したがって、ここからは5000万円を超える債務を負った社長さんが債務整理手続を申し立てる前に、自宅を死守するための再生支援手法を説明することになりますが、これは正直にいって簡単ではありません。

債務総額が5000万円以下であれば、債権者の同意なしで、自らが粛々と手続を踏んでいけば自宅を守ることができます。しかし、5000万円を超えてしまうと、債権者の意思を無視した手法では自宅を守れないケースや、自宅を守るための支援者が不可欠なケースが圧倒的に多くなります。

でも、あきらめないでください。

私の再生支援案件の多くは、このような5000万円超の債務を負った社長さんの自宅や事業用不動産を死守するものです。自宅保全策を、八方に手を尽くすことで、社長さんは自宅を（事実上）手放さずに再生に向けた次のステージに邁進されています。

それでは、いよいよ本書のエッセンスとでもいうべき5000万円超の債務を負った社長さんの自宅を死守する再生支援手法について説明したいと思います。

この局面においても、自宅の住宅ローンの残債務額と自宅の市場価格の関係によって、いくつかの自宅保全手法があり、それぞれの難易度も異なることになります。

自宅の時価が残債務を上回る場合（その１）
――新たな借入で自宅を無剰余状態にする

仮差押えリスクを合法的に回避

自宅の時価が残債務を上回る場合、まず注意しなければならないのは、債権者がこの事実を認識すれば、自宅に対して仮差押えをしてくる可能性があるということです。仮差押え処分をされてしまうと、後は粛々と裁判手続により本差押えに移行し、競売手続により自宅を失う事態となるのです。

そのため、このケースでは、支援者等から新たに追加借入を行い、融資元に抵当権を設定してもらうことで**無剰余状態**にして債権者からの競売リスクを回避するか、自宅を第三者に売却し、その後に賃貸してもらって住み続けるかを選択することになります。

後者の場合、間違っても妻や子供たちへの贈与はしないでください。なぜなら、後日、社長さんの自己破産手続において、破産管財人により破産法１６０条の否認権を行使される可能性が極

図表４－６　追加借入の実施による仮差押えの回避
（「自宅時価>残債務」状態の作出）

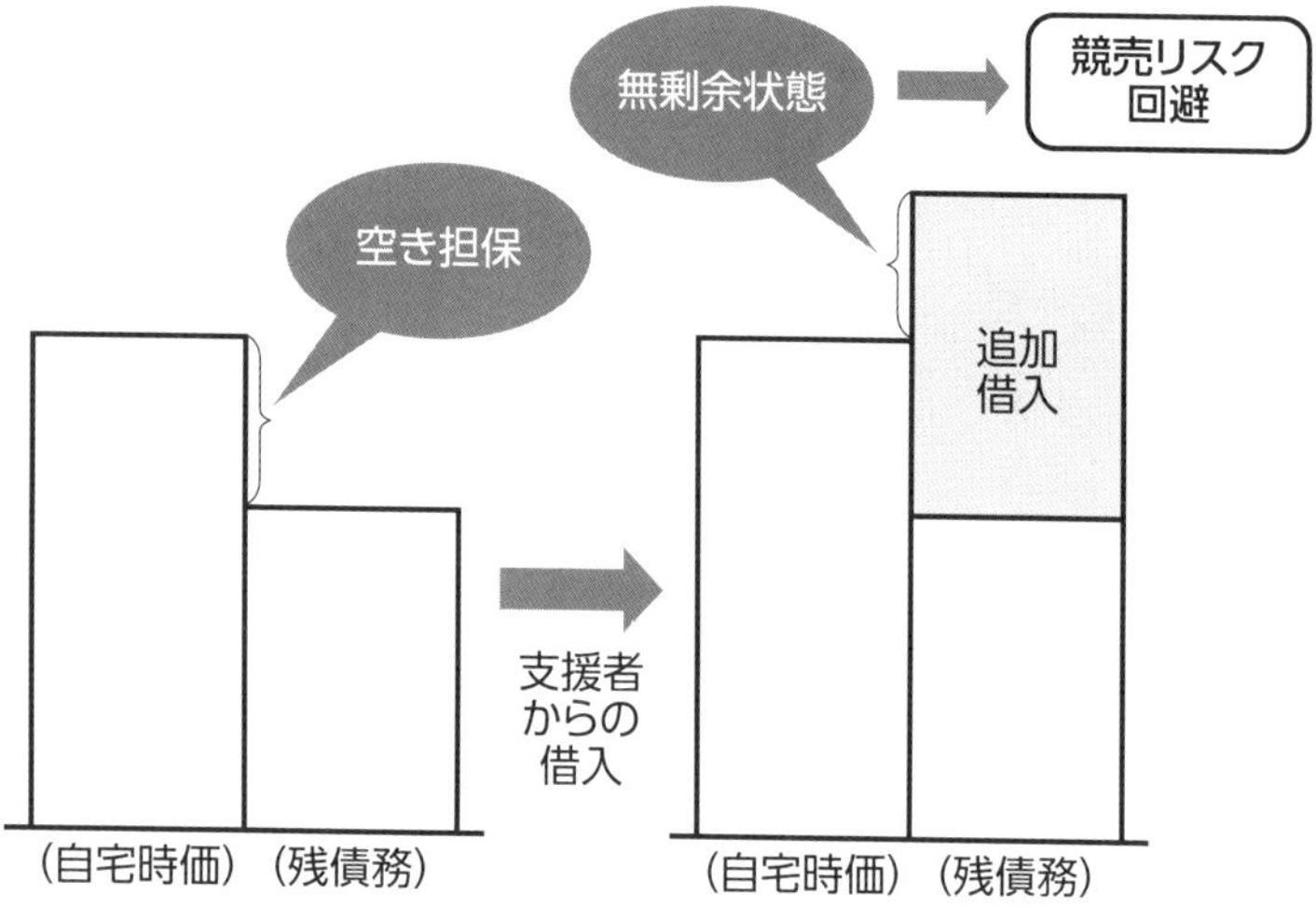

無剰余状態

無剰余状態とは、所有不動産に対して時価以上の抵当権が設定されている状態。この場合、抵当権者以外の他の債権者が不動産を差し押さえようとしても裁判所に却下されるため、結果的に所有不動産の競売リスクを回避することになる。

事業再生における所有不動産の保全戦略の１つである。

めて高いからです。

金融機関も債権者詐害行為で提訴してくる

また、最近では金融機関より、債権者詐害行為を理由とした自宅の贈与・売却取引の取消訴訟を民法424条の詐害行為取消権を適用して、提起されるケースも出てきています。

私の再生支援案件においても、そのような訴訟リスクを知らない税理士のアドバイスに従って自宅を親族に贈与・売却した社長さんが金融機関から訴えられたケースがあります。

残念ながら、会社が金融機関への支払いが不能になった日以降で連帯債務者である社長さんが親族に自宅を贈与したり売却したりしてしまえば、明らかな債権者詐害行為として訴訟の対象となり、敗訴することは間違いありません。再生に不慣れな税理士が関与することで事態を悪化させる典型的なパターンが、このケースといえるでしょう。

話を戻し、自宅を守るために新たな借入をして無剰余状態にするという説明をしましたが、これはあまり得策ではありません。なぜなら、新たな借入を行うといっても住宅ローンという優先すべき抵当権が設定された物件に他の金融機関は融資をしないのが通常だからです。

そして、無剰余状態にするといっても、住宅ローンは粛々と返済されるわけですから、時の経過により、いつかは無剰余状態は解消してしまうことになるのです。

そのため債権者によっては、新たな借入によって無剰余状態にしたとしても、将来を見越して仮差押え（裁判を起こして本差押え）を実施することだってあり得るわけです。

そのような理由から、この手法はあまりお勧めしませんが、現実的な再生支援の場においては、私も事業再生ファンド等から再生費用を捻出する場合、空き担保を使った資金調達手続を緊急避難的な自宅保全手続として利用することはあります。

次にお話しする、自宅を社長さんの支援者である第三者に売却（任意売却）し、そのまま住み続け、将来的に社長さんの親族が自宅を買い戻すという再生支援手法、いわゆる**「買戻特約付任意売却スキーム」**を実行するには、支援者である第三者との間の信頼関係の構築、取引価格（売却・賃貸・買戻）の決定、第三者側の資金調達問題等を時間をかけて解決しなければならないため、緊急避難的にこの「空き担保を使った資金調達手続」を短期的な手法として利用することになるのです。

自宅の時価が残債務を上回る場合(その2)
——買戻特約付任意売却スキームで社長さんの自宅を死守する

社長さんの自宅を購入してくれる支援者が必要

私の再生支援案件において、社長さんの自宅を死守するスキームで最も実行しやすい再生支援スキームが、この買戻特約付任意売却スキーム(自宅の時価が残債務を3割以上上回る場合)です。なぜなら、社長さんの自宅を守ってくれる支援者(第三者)を見つけやすいからです。当然ですが、自宅の時価が残債務を上回っているわけですから、取引価格を低く設定することが可能です(残債務以上)。そのため、支援者としては、金融機関からの資金調達が容易なので、自宅の買戻しが万が一できなくなったり、その必要がなくなったときでも、私としても、その支援者に迷惑をかける可能性が低いので、ビジネスリスクが低く、お願いしやすいのです。

もちろん、私の会社でもノンバンクで資金調達をして社長さんの自宅を取得するケースもありますが、安全な案件であるほど、私は知り合いの不動産会社の社長さんに収益物件としてこの物件を購入してもらい、買戻特約付任意売却スキームに協力をいただき、支援者の一員に加わってもらいながら、社長さんの再生支援を遂行しているというのが実情です。

実は、支援者側の資金調達方法が金融機関かノンバンクかによって、賃貸期間中の家賃や将来の買戻額に大きな違いが出てしまいます（詳細は後述します）。

数年前まで私の会社は金融機関からの借入が容易ではなく、ノンバンクや事業再生ファンドからの借入となるため、調達金利がどうしても8％を超えていました（最近は借入可能となりましたが）。

そのため、家賃も投資金額の10～12％を設定せざるを得ないのですが、知り合いの不動産会社が金融機関より3％程度で資金調達できれば、投資額の6～8％程度で家賃が設定できるという関係にあるのです。

私が経営している会社のことはさておき、この買戻特約付任意売却スキームにおける、だいたいの取引イメージを説明しますので参考にしてください。

【具体例】

- 自宅の時価 ➡ 3000万円
- 自宅の固定資産税評価額 ➡ 1500万円
- 残債務 ➡ 2000万円
- 家賃利回り ➡ 8％（支援者が金融機関より資金調達のため）
- 買戻予定者 ➡ 社長さんのご子息（社会人で年収400万円程度）
- 買戻期間 ➡ 3年
- 買戻手付金（積立方式） ➡ 月5万円

この具体例に基づくと、社長さんは自宅を第三者である支援者に時価の7割相当額である2100万円で売却し、住宅ローンの残債務2000万円を返済します。

もちろん、この取引はセール・アンド・リースバック取引ですから、売却した日から社長さんの親族は賃借するため賃貸契約を締結します。

その場合の賃料は支援者の投資額の6～8％が基本になります。

それでは、支援者の投資額がいくらになるかというと、取得価格（2100万円）に取得費用

（登録免許税＋不動産取得税＋司法書士報酬）を100万円（固定資産税評価額の約6％＋10万円も含みます）加算するので合計2200万円となります。

社長さんの親族はこの投資額2200万円の8％である176万円を年間家賃として毎月約14.6万円を支払うことになります（ただし、今まで社長さんが支払っていた固定資産税は支援者が支払うので実質家賃は13万円程度）。

マンションの管理費は借主負担とするのが通例

蛇足ですが、社長さんの自宅がマンションの場合は、その維持費として管理組合に支払う管理費と修繕積立金（2〜3万円）がかかります。しかし、これは借主の負担とするのが通例です。理由としては、社長さん一家は、自分たちが住んでいるにもかかわらず、マンションを第三者に売った事実を管理組合に知られたくない（管理組合員名簿により近隣に知られたくない）のと、いずれ買い戻す予定なので、組合員の名義を変える必然性が低いからです。

さて、自宅の任意売却・賃貸契約の次は、いよいよ買戻しの話です。

このスキームでは社長さんの親族が買戻しを行います。その際、問題はいくらで買戻しを実行するかということになりますが、私が一般的に実行するスキームでは、支援者の投資金額に上乗せする利益は「買戻スキームの成功報酬」といえるものですので、投資金額の1～2割程度を設定するケースが普通です。

つまり、この具体例であれば、買戻金額は投資金額の2200万円に支援者の成功報酬440万円（2200万円×20％）を加えた2640万円となりますが、買戻金額が時価よりも低いため、親族も住宅ローン等を組むことが現実的に可能となるのです。

買戻予定者の積立型手付金の重要性

これを社長さんの子息が、3年以内に新たな住宅ローンを組んで買い戻すことになるわけですが、当然ながら金融機関が全額融資するわけではないので、手付金が必要となります。

また、支援者としても、買戻しが誠実に実行されるか否かは非常に危惧するところですので、私の関与するケースにおいては、支援者と買戻予定者との間で買戻契約（実際の契約書名は「不動産売買予約契約書」といいます）を締結します。それと同時に、支援者の代理人弁護士との間で買戻不動産に関する手付金の預託契約を締結してもらい、買戻予定者が毎月一定額（この具体例では月額5万円）を代理人弁護士の預かり口座に振り込む形で手付金を積み立てさせます。そして、万が一、買戻しを実行しない場合は、積立金は違約金として支援者に支払うというスキームにすることにより、多くの支援希望者が、ビジネスとしてこのスキームに参加できるようにしています。

しかし、このスキームにおいて買戻しを実行しなかった事例は、私の関与した案件では0件です。むしろ、3年から5年と期間を設定していても1年から2年の短期間で買戻予定者が買戻しを実行するケースが圧倒的に多かったという驚くべき事実があります。

やはり、社長さんにとって自宅を守るということが、どれだけ優先順位の高いことかがわかると思います。

そして、賃貸期間中の家賃を滞りなく支払い、買戻予定者が予定期間を早めて買戻しを実行するといった、この買戻スキームが成功裏に終わる主な要因として、社長さんにとっての事業が第二会社方式で順調に再生の途についているからに他ならないということを、あえて強調させていただきたいと思います。

なぜなら、私にとっての「事業再生支援」とは「**会社の事業と経営者の生活・財産を倒産法の剣を用いて再生可能な出口に導くこと**」だからです。

自宅の時価が残債務を下回る場合
―債務負担付任意売却スキームによる緊急避難的措置で自宅を死守する

以下で説明する「債務負担付任意売却スキーム」は、あくまでも私個人の解釈であることをあらかじめお断りします。また、本スキームの実行に際しては弁護士等の専門家とよく相談の上、実行してください。

あくまでも自宅を守るための緊急避難的措置

自宅の時価が住宅ローンの残債務を上回る場合は、買戻特約付任意売却スキームで社長さんの自宅を死守する方法を前述しましたが、それは具体例をあげて説明したように、残債務が時価の7割程度までのケースです。それ以上の割合で残債務が残っている場合や、そもそも自宅の時価が下落し、残債務より下回る場合は、支援者側のビジネスリスクと資金調達の困難性により買戻特約付任意売却スキームを利用できないケースがあります。そのため、社長さんの自宅の保全に関する緊急避難的な手法が必要となります。

もちろん、緊急避難的な手法といっても、倒産法の枠内で認められる手法でなければならないため、破産法160条による破産管財人の否認権の行使や民法424条の詐害行為取消権に抵触しないよう、純然たる第三者との間の真正売買を行う必要があります。

このようなケースの場合、社長さん側で支援者（第三者）を見つけ、その支援者に自宅の所有と同時に社長さんの残債務も引き受けていただくケースもあれば、私のほうで事業再生ファンド等の支援者を見つけて、社長さんの自宅の所有権を移転させるケースがあります。

債務負担付任意売却で当座の再生資金を捻出

この緊急避難的手法を、私は「**債務負担付任意売却スキーム**」と呼び、ギリギリのスキームで社長さんの自宅を守れることがあります。

なお、このスキームを実行する前に「一般的な任意売却」を考えるケースもあります。この一般的な任意売却とは、自宅の時価が残債務を下回る場合に、債権者との交渉により、残債務以下

債務負担付任意売却スキーム

社長さんの所有する自宅の時価が住宅ローンの残債務を上回るものの、「買戻特約付任意売却」を実施するほどのかい離幅（通常は残債務が時価の７割以下）がない場合や、協力者側の資金調達に時間を要する場合の緊急避難的措置で、協力者が社長さんの自宅を時価で譲り受けるとともに住宅ローンの残債務を引き受け、自宅の時価と残債務の差額だけの資金授受を行う任意売却形式のこと。

この取引を行う場合は、住宅ローン債権者の承諾が必要となるので、事前承諾が得られる場合は問題ないが、事前承認が得られない場合は自宅の取得者が遅滞なく資金調達を行い、住宅ローン債務を弁済する必要がある。

の金額で自宅に関する抵当権を抹消してもらい、払いきれなかった住宅ローンは社長さんが自己破産手続で債務を免責してもらうというものです。

しかし、この手法では債権者との交渉にいたずらに時間がかかるとともに、最近の傾向として、特に首都圏においては、不動産価格の高騰により、債権者は任意売却に応じず、競売手続で住宅ローンを回収する手段をとるため、実行性は乏しいといえます。

つまり、このような局面においては債務負担付任意売却スキームにより、緊急避難的に社長さんの自宅の所有権を時価相当額で第三者に移転することになるのです。

そのため時価が残債務を上回っている場合は、取得者はその差額分を社長さんに支払うことにな

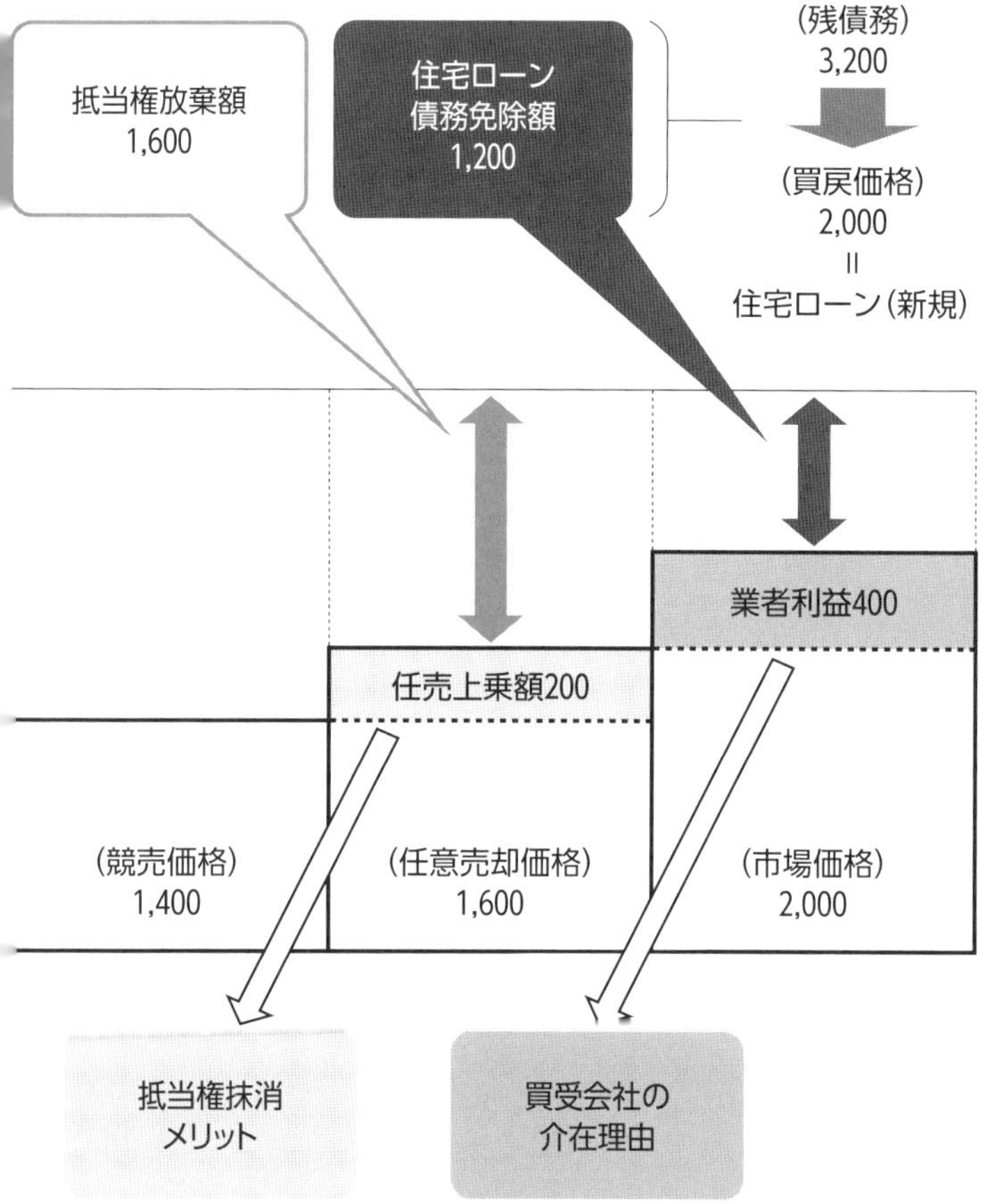
抵当権放棄額
1,600
住宅ローン
債務免除額
1,200
（残債務）
3,200
（買戻価格）
2,000
＝
住宅ローン（新規）
業者利益400
任売上乗額200
（競売価格）
1,400
（任意売却価格）
1,600
（市場価格）
2,000
抵当権抹消
メリット
買受会社の
介在理由

図表4－7　買戻特約付任意売却（単位：万円）

◎「時価＜残債務」となる一般的な任意売却のケース

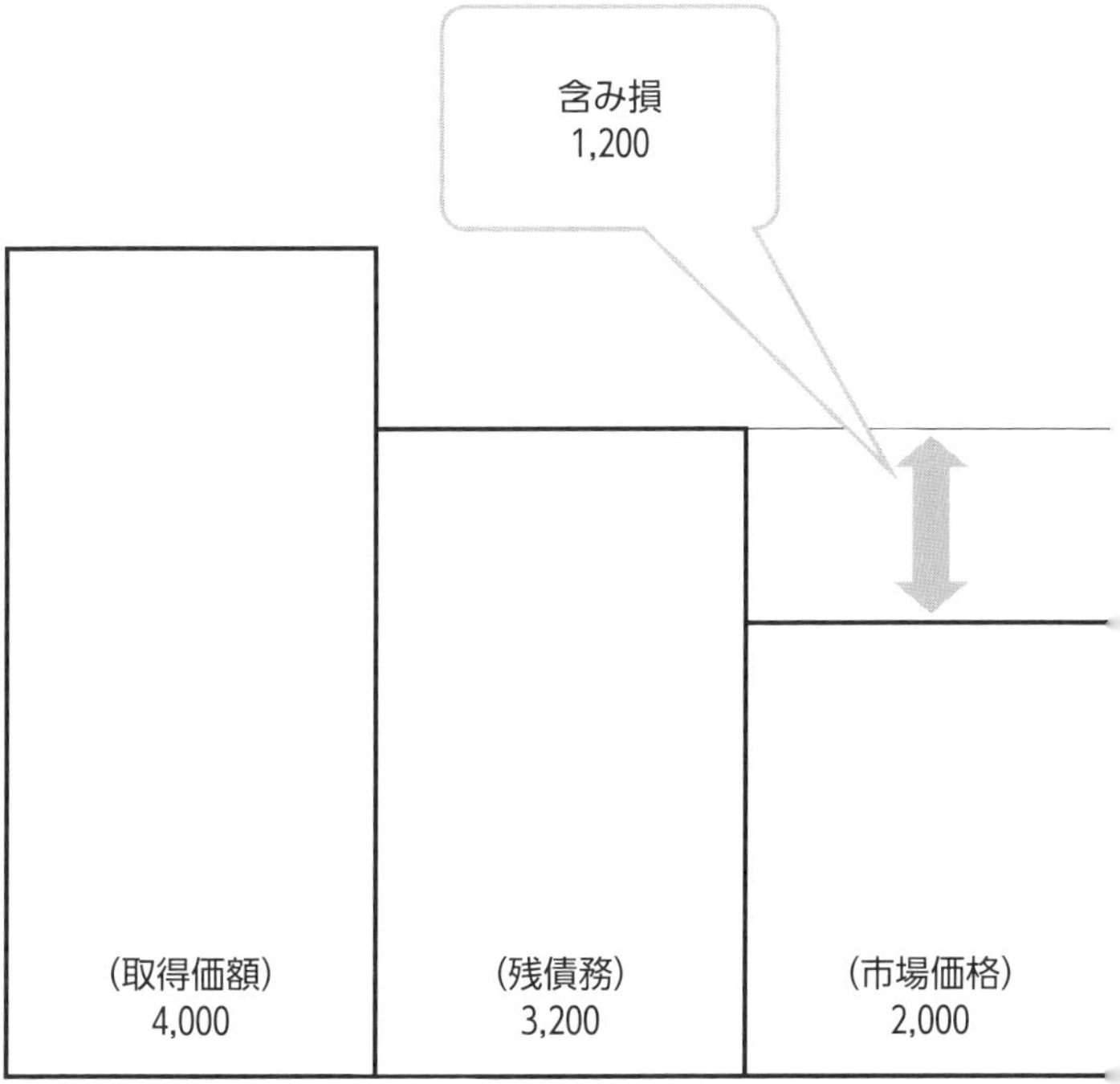

（市場価格）× 0.7 ⇒（特定価格）

るため、同資金を再生費用の一部にあてたり、その後の賃料の原資にすることが可能になります。もちろん、この取引により自宅の所有権は支援者に移転するため、社長さんはこの支援者との間で賃貸契約を結んで家賃を支払うことになります。

一方、自宅を取得した支援者は社長さんの住宅ローン債務を引き受りる（免責的債務引受）ため、住宅ローンを返済するわけですが、金融機関に直接返済することはできません。なぜなら、あくまでも当事者間だけの債務引受契約であり、住宅ローンを融資している金融機関に債務引受の承諾を取ることはできないからです。

したがって、住宅ローンの返済資金は社長さんの引き落とし口座に、支援者から毎月振り込む形をとり、金融機関は従来どおり住宅ローンを引き落とし続けるという関係になります。

なお、この手法で留意していただきたいのは、債務負担付任意売却スキームは、社長さんと支援者との当事者間のみにおいて有効であり、債務引受の元となる金融機関に関しては法的効力が及ばないという点です。

むしろ、この住宅ローンの銀行取引約定書において「債務者が融資物件の所有権を移転する場合には債権者による書面による承諾が必要」との規定が存在するため、金融機関に無断で所有権を移転する行為は、住宅ローンの「期限の利益喪失事由」として、金融機関から一括弁済を求められる可能性があるのです。

債務負担付任意売却における金融機関の対応

それでは、金融機関は実際にこのようなケースに対して、どのような対応をとるのでしょうか？

私が金融機関の担当者と交渉した具体的なケースでは、

「金融機関は債務引受行為については新たな与信審査を必要とするので原則として認めない」

ただし、

「金融機関は毎日登記簿を閲覧しているわけではないので、住宅ローンが約定どおりに引き落とされていれば、気がつくものではない」

とも担当者からいわれました。

したがって、この言葉の意味するところは、前述の民事再生手続における債権者の心証に通じるところがあり、「**積極的には賛成ではないが、積極的に反対でもない**」、要するに、当事者間で所有権を移転することについて、「**金融機関は積極的に関与しない代わりに積極的に否認もしな**

い」ということだと私は理解しています。

住宅ローンの返済が滞っていない状態にあるならば、金融機関がこの所有権移転に関して「期限の利益喪失」を理由として社長さんに一括弁済を求める可能性は極めてゼロに近いと思います。それは、債権回収手続の考え方として、金融機関が経済合理性を最優先するからであり、むやみに競売行為に走らないという理解があるからです。

また、そもそも所有権移転に関して民法は抵当権者の承諾を要しないものとしており、本来は認められるべき行為を金融機関が銀行取引約定書において制限しているに過ぎないという事情も大きいと思います。

債務負担付任意売却を行うと社長さんの債務整理手続は進まない

ここまで、自宅の時価が残債務を下回っているケース（時価が上回っているが買戻特約付任意売却ができないケースを含みます）について、債務負担付任意売却スキームを利用して、社長さんの自宅を死守する手法を説明しましたが、この手法はあくまでも緊急避難的な手法であるということを忘れないでください。

すなわち、現状の再生支援環境のもとでは、公庫と保証協会が債務者の債務整理手続について、一律に非協力的な立場をとり続ける以上、このような手法で社長さんの自宅を守るしかないというのが実情です。しかし、この手法では社長さん個人の債務については何ら整理手続ができないという問題が残ります。

自宅を第三者に売却し所有権を移転した以上、自宅が債権者の手により競売されたり、差押え等の法的措置をとられることもないのですが、社長さんは公庫や保証協会から連帯保証債務の履行につき、長期間にわたり交渉し続けなければならないことになります。

そして、住宅ローンの残債務が減り、親族等で買戻しが実現した段階で初めて社長さんの債務整理手続が可能になるということを理解していただければと思います。

なお、この債務負担付売買により自宅は維持できても、会社の自己破産手続と同時に社長さん個人の自己破産手続を行うことはできません。なぜなら、同取引は社長さんと支援者の間だけで有効な債務引受けにより自宅を売買しているだけであり、社長さんの住宅ローンは法的には残ったままなので、社長さんが自己破産するとなると住宅ローンも破産債務に含まれ、その結果、自宅は競売にかけられてしまうことになるのです。

このようなケースでは、住宅ローンは支援者が粛々と払い続け、序章の再生事例でも述べたように、会社の連帯保証債務は民法166条の債権の消滅時効（5年）の規定により法的債務が消滅する（「時効の援用」が確定要件）手法を選択してもらうことになります。債権者が社長さんに対して裁判を提起せず、社長さんが「無い袖は振れない」として債権者への支払いと債務確認行為を拒絶し続ければ、5年という時間の経過により社長さんの債務は法律上消滅することになるのです。

離婚による財産分与で自宅の財産移転は認められるか

私のところに相談に来られる社長さんたちは、四面楚歌の現状に対して自分なりの対処方法をよく研究されており、同席される税理士よりはるかに倒産法がらみの知識をもち合わせているケースがあります。

そのような社長さんがよく考える自宅の保全方法として「離婚による財産分与」があり、これは自宅の所有権を元妻に移転するというものです。妻への自宅の財産移転については前述のとおり、破産法１６１条２項３号の「親族間取引に対する悪意の推定」という規定があり、破産管財人により一律に否認される旨の説明をしましたが、この「離婚による財産分与」はどうでしょうか？

結論からいうと、これは破産法１６１条２項３号の適用外ということになり、破産管財人から否認されることはありません。ただし、その離婚が自宅を守るという目的での偽装離婚だということになれば、それは当然に否認の対象になるでしょうし、もっと重大な問題として、詐欺破産罪や強制執行免脱罪と判断され、刑事事件として処罰される可能性もあるのです。

したがって、この離婚による財産分与については、私も極めて慎重に対応するようにしており、必ず弁護士同席のもとで両者間の離婚の意思を確認させていただくようにしています。

その結果、本来は離婚する意思がないにもかかわらず、自宅を守るためにやむを得ず離婚を決意されているケース（かなりの割合に上ります）についてはあきらめていただき、回りくどい手続を要しますが、前述の「**買戻特約付任意売却スキーム**」「**債務負担付任意売却スキーム**」のいずれかを選択していただくことにしています。

傷が浅いうちに決断すれば自宅と家族を守れる

ここまで、駆け足でケース・バイ・ケースに応じた社長さんの自宅を守る方法について説明してきましたが、理解していただけたでしょうか？

社長さんの自宅を守るということは社長さんの生活の基本である家族との絆を守るということです。その絆を守ることができれば、後は社長さんの再生への努力により、必ずや「再生の出口」を見つけられるとの信念をもって、私は日夜再生支援にあたらせていただいています。

しかし、その中で総じていえることは、どの社長さんも本当にギリギリの切羽詰まった状態で私のところに相談に来られるケースが圧倒的に多いということです。

同席される税理士には、私は半分皮肉を込めて、「よくここまで指導されてきましたね！」ということが常ですが、もっと早く私のところに来てもらえれば、複雑怪奇なスキームを考えることなく、もっと簡単なスキームにより「再生の出口」を指南できたと思うことばかりです。

社長さんに対しては、**「傷が浅いうちに決断する！」**、税理士には、**「傷が浅いうちに決断させ**

る！」ということを理解していただきたいのです。

そして、早期の決断により、社長さんの事業と生活・財産について、「再生の出口」を目指していただきたいと思います。間違っても、将来を悲観して自殺に追い込まれることのないよう、私は声を大にしてお伝えしたいのです。

第5章

「命」と引き換えにしてまで返すべき「借金」はない！

借金が返せないのは、社長さんだけのせいではない！

7〜8割の中小企業が慢性的な赤字という現実

ここまで、社長さんの事業と生活・財産を守る手法について、種々説明をさせていただきました。私がいいたいことは、早期の決断こそが「再生の出口」にたどり着く近道だということですが、意に反して、私のところに相談に来られる社長さんたちの大半は末期状態、すなわち「ステージ4」の方です。

経営者としての責任から、ギリギリまで会社の自主再生を目指して、ありとあらゆる手立てを尽くし、そのうち状況も好転するとの思いで、社長さんが日々経営に向き合っていらっしゃることは私も、経験者としてよく理解しています。

そして、従業員や取引先とのしがらみで自らの苦しい思いを誰とも共有できない状況もよく理解できますし、最も共有できるはずの家族に対しても同じ苦しい思いをさせたくないとの思いで、人悶々とされている状況もよく理解できます。

でも、このままの状況を続けても事態が好転することなど本当にないのです。一旦は会社を倒産させたということである程度の波風は立ちますが、それは一時的なことです。

社長さんはご存知ないかもしれませんが、国税庁が把握している日本の中小企業数（法人としての申告件数）は２６０万社で、そのうちの７～８割は赤字申告とのことです。

しかし、実態はもっとひどく、日本の中小企業金融が公庫や保証協会の制度融資に頼らざるを得ないということで、相当数の赤字会社が決算を粉飾して黒字申告しているものと思われます。

要するに、大半の中小企業は赤字経営であり、このような苦境に陥っているのは、何も社長さんのところだけではないということです。

よく考えてみてください。

昭和40年代の高度成長期であれば、旺盛な需要環境により、会社の業績は右肩上がりで伸び続けたものでした。ところが、バブル経済の崩壊後は、長引く不況や震災の連続という不測の事態が重なり、ビジネスの仕組み自体もＩＴ革命等で一変しました。また、規制緩和政策により、資本力のある会社だけが市場を占拠するような経済格差社会が横行し、資本力に劣る中小企業が儲からない仕組みの中で汗をかかざるを得なくなったのは、ただ単に社長さんのせいだけではないでしょう。

　まして、この2～3年で起きたコロナ禍による世界経済の停滞、ウクライナ戦争勃発に伴うエネルギー価格の急上昇、そして急激な円安進行は、我が国経済にコストプッシュインフレを引き起こし、経営難に苦しむ中小企業にとどめをさしているのが実情であり、もはや経営者の努力ではどうすることもできない経済環境下にあることは言うまでもないことです。

　それゆえ、借金を返せなくなった責任を社長さんだけに負わせるのは、間違いと言わざるを得ません。

　私はいつも思います。社長業など誰にでも務まるものではないと。自らの私財と連帯保証による借入で会社の財務基盤を作り、汗水たらして事業の基盤を作り、従業員を雇用し、その家族まで養うという生き様は誰にもできるものではありません。そして、一たび会社の経営が傾けば、金融機関を中心とする債権者からさんざんバッシングを受けたあげく、最終的に身ぐるみを剥がされるがごとく、自らの事業も財産も家族との生活もすべて奪い取られてしまうという、こんな過酷な職責はないと思います。

　最近の話題として、中小企業の後継者が不足して廃業するケースが絶えないということがあります。これは、社長業という職責がいかに割に合わないものであるかを、二代目や後継者は社長さんの苦しむ姿をリアルに感じとり、事業を承継する気になれないことがその理由にあるのではないかと思います。しかし、過大な債務がなく、また採算性のある事業の承継ならハードルも低いため、引き継げるケースは非常に多いのです。

最近は、コロナ禍までは経営難とは無関係に経営も堅実で、後継者もしっかり決まっていたものの、コロナ禍によってゼロゼロ融資などで過大債務を負い、事業の承継が難しくなったという会社の社長さんが相談に来られます。

私はその時こそ、ご子息には採算性の高い事業だけを合法的に事業譲渡して、現会社の過大債務は合法的に整理しましょうと声高々に助言します。

「失われた30年間」とはよく言われますが、日本経済がもっとも失ったものは中小企業の社長さんと後継者の事業に対するモチベーションなのではないでしょうか？

故に私は言い続けます。「社長さん、まだ『今、打つべき手』があるのだから、決して諦めてはいけない」と。

税理士は再生支援については専門外。「再生の出口」を教えてもらえない社長さんの悲惨な末路

ある意味、社長さんは経済社会の急激な構造変化の被害者なのかもしれませんが、その責任を免責する手立ては倒産法を駆使する以外にないのが実情です。しかも、最も社長さんのそばにいて、長年にわたって経営指導をしてきた税理士が、この再生局面においては、「再生の出口」がわからないばかりに何の力にもならないという非常に厳しい現実があるのです。

私は別に税理士や税理士業界を批判する気は毛頭ありません。しかし、前述の通り私の開催する事業再生セミナーで、リスケ企業に対する支援の取組みの鈍さや緩さに関して叱咤を込めて吐露しても、何ら改善の見込みもないまま、時だけが過ぎ去っているように思えて仕方ありません。

この業界のしらけた空気感に、日本経済の未来が憂慮されて仕方ありません。

税理士の仕事は税務業務であり、再生支援はまったくの専門外

当然ながら、税理士はあくまでも税理士法2条の業務、すなわち税金を計算するなどの専門家であって、再生支援については「専門外」以外の何物でもないのです。また、自ら事業会社を経営したことも、多額の借金をしたこともない方が大半だと思われます。

多くの税理士にとっては自分の住宅ローンが最大の借金なのであって、その借金が返せないという経験もないでしょう。また、返せない場合にどのような手法で自らの生活・財産を守るか見当もつかないはずです。

彼らが経営指導と称してコンサルティングをしてきたのは、黒字会社でいかに税金を少なくするかについての節税コンサルティングが中心であり、また、赤字会社の再生支援については、赤字決算への対処として、減価償却を行わないとか、時には大胆な粉飾決算などにより黒字転換をして社長さんの希望に応えてきたに過ぎません。

しかし、社長さんに再生支援の相談をされて、「私は専門外ですからできません」ときちんということができる税理士は稀で、市販されている事業再生に関する本の中途半端なエッセンスを社長さんにアドバイスしているだけなのです。

そのため、時々刻々と悪化していく社長さんの会社の再生に対しては、当然に対応しきれず、最後は弁護士さんに丸投げというケースが多いのです。

そして、何の準備もなく弁護士さんに丸投げしてしまえば、社長さんの事業も生活・財産もすべて事務的に身ぐるみをはがされる悲惨な結果が待ち構えているというわけです。

「再生の出口」を知らない税理士を頼りにして、悲惨な末路に陥らないようにするには、本書に書いてあるような社長さんの防波堤となって支援してくれる方を、社長さん自らが探すしかありません。

「借金なんかで死ぬな！」という私の思い

ここまで、偉そうな話をたくさんさせていただきましたが、私はこの10年で社長さん２人を自殺で失いました。そのうちのお一人は、私にとって最初の再生支援先で、３年間にわたって債権者との裁判で意見陳述をしたり、証人として債務者である社長さんの経営判断の妥当性を陳述したりもしました。

しかし、その社長さんは、長年にわたる法廷闘争に疲れ果てたころ、税金滞納等への対応に苦しまれ、最後は税務署からの厳しい督促の電話の後、発作的に自殺の道を選ばれてしまいました。遺書には当局への怒りと遺族への思い、そして3年間関わった私へのお詫びが記されていました。

最初の支援先の社長さんを自殺で失った私のショックは大きく、数ヶ月間、本当に悶々とした日々を過ごしました。しかし、今なお多額の債務で将来を悲観されている50万人というリスケ企業の社長さんを、経営苦を理由とした自殺から守ることでしか、この悔しさからは解放されないという結論に達し、本書の出版を決意しました。

そして、私が実践する倒産法を使った外科型再生手法をできる限りわかりやすく社長さんに語りかけるとともに、**「借金なんかで死ぬな！」「命と引き換えにしてまで返さなければならない借金などない！」**という私の思いを、全国のリスケ企業の社長さんに伝えられればと思うのです。

本書の「改訂にあたって」で述べた通り、日本の法制度で借金は返済すべきものであることは当たり前のことですが、一方で支払いができなくなった場合は「無い袖は振れない」ことから、すなわち財産の差押えを超えて強制的に支払わせられることなど法的にできないのです。

しかも、社長さんの負った債務については、民法という法律によって社長さんが債務確認行為をせず、支払停止の期間が5年経過し、なおかつ債権者が裁判を提起しなければ、時効消滅により債務は事実上免責（消滅）されることになるのです。

こうしたことから、序章で紹介した事例のように、メインバンクに対する3億円の連帯保証債務が時効直前のタイミングで、わずか1000分の1に相当する30万円の支払いで系列サービサーと和解するという、ある意味バカげた話が本当の話として紹介されるわけです。

そうであれば、「借金なんかで死ぬな」という私の叫びも意味ある言葉として、社長さんの心に届くのではないかと思うのです。

社長さん！　自らの経営責任は法的整理でケジメをつけなさい！

貸し手（金融機関）寄りの事業再生支援が更なる悲劇を呼ぶ

私はこのような再生支援事業を本格的に始めて10年以上になり、いわゆる事業再生コンサルタントという同業の方に出会うことがあります。

当然、私も情報交換をできればと思い、何度か面談の機会を設けたり、事業提携によりお互いの得意分野をいかんなく発揮しようと精力的に動きましたが、それは、単なる思い違いに過ぎませんでした。

事業再生コンサルタントといっても、大半は銀行出身の資金調達を得意とする銀行交渉系のコンサルタントが実に多いのです。特に中小企業活性化協議会から派遣されるコンサルタントは、貸し手である金融機関の立場でコンサルをしていると思わざるを得ない方が非常に多いのです。

貸し手（金融機関）寄りの再生コンサルタントに要注意

したがって、彼らは自主再生困難なリスケ企業に対しても、何の根拠もなく自主再生を提案し続けますので、社長さんの首は日に日に締まり続けていくことになります。そして、社長さんの連帯保証だけでは不十分だと思えば、親族、特に後継者に対して連帯保証を求めだし、事態の悪化を招き続けるのです。

このように、彼らは自主再生困難なリスケ企業にすら自主再生にこだわり続けるため、社長さんに対して法的整理の道筋を伝えないのです。また、伝えたとしても本来であれば守ることができたはずの社長さんの財産（自宅）を金融機関の担保に提供させ、身ぐるみをはがされる結果に至っているのが実情です。

誰だって、会社を存続させたいと思いますし、可能な限り自主再生するための経営努力をすべきだと思います。しかし、社長さんの会社はその時期をとっくに過ぎてしまっているのです。

「ステージ1」程度の会社で遊休資産や不採算事業の整理等で営業黒字が確保でき、従来どおりの借入金返済に戻せるうちならまだしも、慢性的な営業赤字から何年も返済猶予（リスケ）を繰り返している状況下で自主再生が可能だと思われているとすれば、それは単なる妄想に過ぎません。

倒産経験者である私からいえば、リスケ企業の経営状態は「がん」にかかった患者と同じで、早期の外科的手術以外に治療方法はないと断言します。

社長さんの会社の経営状態は加速度的に悪化する

私の会社の倒産のときも、最後の半年は加速度的なスピードで経営状態が悪化しました。倒産当日はまだ営業中であったにもかかわらず、大株主が連れてきた弁護士が勝手に東京商工リサーチに破産申立て（準備開始）のリークを行い、あっという間に倒産情報が全国に知れ渡りました。そして、100人超の従業員の雇用と顧客（受講生）2万人へのサービスは、会社の空中分解により一瞬にして消えてしまい、その混乱ぶりは朝日新聞の社会面で大きく伝えられたほどでした。

そのような経験からすれば、自主再生困難な状況下において、社長さんは自らの経営責任と引き換えに、従業員の雇用と取引先との関係を守り、第二会社方式で事業を存続させる英断こそが求められるのです。

そして、社長さんの生活・財産は経営責任を法的整理によりケジメをつけた上で、倒産法の剣を用いて可能な限り守ることをお勧めします。

「V字回復」の必要はない！謙虚な経営姿勢で「L字」の再生を目指せ！

第二会社は再生のスタートに過ぎないことを肝に銘じる

第二会社方式でスタートさせた事業についても、早々に、また簡単に事業が好転するものではないということを肝に銘じておいてください。なぜなら、社長さんはギリギリまで自主再生困難な状況下で、会社の存続にこだわってしまったがゆえに、余力のあった私財を提供し、従業員・取引先にも相応の負担をかけて、何とか支援者らの協力で第二会社方式で事業を存続させたに過ぎないからです。

従業員も取引先も、半信半疑の状態で第二会社の事業に関わっているに過ぎず、これから先、何が起きるかは未知の状況です。

もちろん、資金調達面においては、社長さん以外の支援者が第二会社の社長だとしても、与信判断においては旧会社と一体とみなされるケースが多いため、金融機関からの借入等は例外を除き困難だと考えた方がいいでしょう。

そのような経営環境下で事業を再建することは至難の業です。金融機関からの借入がままならないのですから、まさに現金商売の発想で事業をしなければなりません。

月額2000円の与信も通らない状況からのスタート

私も平成23年に民事再生法を申請した結果、最初の3年間は現金商売そのものでしのいできました。通常、金融機関における個人の信用情報機関には、民事再生は5年間、自己破産は5～7年間、そのデータが残るといわれており、原則としてその期間内は与信は通らないといわれています。私も倒産してから3年目のころ、量販店でパソコンを現金で購入したところ、販売員にポケットW-i-F-iを使うことを勧められました。

それは5万円程度であったことから、分割で月々2000円程度の支払いなので、さすがの私もそれぐらいの与信は通るだろうと思って分割払いを選択したところ、1時間も待たされたあげく与信で落とされ、赤っ恥をかきながら現金で購入したという経験があります。

そのとき私は、たった月額2000円の与信すら付かない状況下で、自らの事業を再建に向けていかなければならないという厳しい現実に唖然とすると同時に、この信用情報機関にデータ登録されている5年間は焦らずにじっくりと信頼回復のために地道な経営努力をしなければならないと痛感したのでした。

「V字回復」という言葉がありますが、再生に取り組んでいる社長さんは、「V字」ではなく、焦らずに「L字」で再生を目指していただきたいと思います。

民事再生なら5年間、自己破産なら5～7年間、決して急回復などは望まず、「L字」で謙虚な経営姿勢で、失った信頼を回復させ、その時期が到来することを信じて事業を再生していただきたいと思います。

与信の回復について民事再生は5年と思い続けていたので、私の場合は平成23年6月の民事再生の認可決定であったことから、5年経過した平成28年7月に与信が回復していると思い、簡単なクレジットカードを申し込んだところ、あっさり落とされました。何かの手違いだろうと思い、その後も何度かトライしましたが、やはりクレジットカードの与信は通りませんでした。

さすがに何か別の原因があると思い、信用情報機関（ＣＩＣ）に確認したところ、破産・民事再生を含む金融事故を起こした者は、債務の最終の弁済月または免責月から5年経過しないと与信は回復しないという事実が判明しました。

私の民事再生手続の認可決定内容は、残債務１０００万円を5年（年払い）で弁済するというもので、最終の弁済月は平成29年1月末であり、そこから5年の経過が必要だったわけで、結局、私の与信が回復したのは平成34年2月であり、もうその到来日は令和4年と元号すら変わっていました。

したがって、私の場合は通常の民事再生手続であったため、与信回復に10年（弁済期間5年＋経過期間5年）を要したわけであり、個人用の民事再生手続は基本弁済期間が3年のため、与信回復には8年かかるという計算になります。おかしなことに、破産手続の場合は免責決定日から5年で与信が回復するため、民事再生手続より与信の回復期間が短くなるというのが現行の与信回復の運用だということになります。

このような与信回復期間に関する運用上の矛盾を十分に理解した上で、債務整理において民事再生手続を選択すべきか、破産手続を選択すべきかを検討する必要があります。

なお、民間の信用情報機関には前述のＣＩＣの他、ＪＩＣＣとＫＳＣがありますが、金融事故における与信回復期間はクレジット系のＣＩＣとＪＩＣＣが5年、銀行系のＫＳＣが7年とされていることから、クレジットカードを作るには5年、銀行からの融資を受けるには7年というのが一般的な運用のようです。

「成せば成る！　成さねば成らぬ！」必要なのは社長さんの勇気ある決断

高い経営理念が突然死（経営破綻）という悲劇を生む

私は今まで多くのリスケ企業の社長さんと向き合いながら、事業再生支援に取り組んできましたが、なかには自主再生困難な状況にもかかわらず、自主再生にこだわる社長さんも少なからずいらっしゃいました。

そのような社長さんに限ってプライドが高く、理想的な経営を志向されているケースが多いため、私の提案する外科型の再生手法には目もくれません。

しかしどうでしょう？

それらの社長さんの会社の結末はというと、やはりギリギリまで経営を引っ張って、最後は悲惨な突然死（経営破綻）を迎えるというのが現実です。

その中のある社長さんは、最終的には私に外科型再生の依頼をされてきましたが、さすがに

「時すでに遅し」で、残せる事業は何もなく、社長さん個人の生活・財産も闇金融などにむしばまれており、倒産法の剣を出せる時期を逸していたのです。

闇金融は反社会的勢力に債権譲渡することもある

せめて社長さんの生活・財産の一部だけでも守れればと思い、最後の最後まで私が協業する弁護士と、債権者である闇金融集団との間で交渉を重ねましたが、闇金融集団はその債権を反社会的勢力に譲渡したのか、ある日突然、社長さんは反社会的勢力の襲撃にあって大けがを負わされる事態になり、それからしばらくして忽然と失踪してしまったのです。もちろん無事でいることを願っているのですが、連絡のつかない状況です。

これとは逆の例として、先代の社長さん（父親）の放漫経営による多額の借入金の連帯保証をさせられた二代目社長さんは、私の外科型再生の提案をただちに受け入れることで、事業は第二会社方式で存続させ、社長さんの自宅は、私の紹介する不動産会社との間で「買戻特約付任意売却スキーム」を組み、再生のスタートを切りました。

第二会社の事業では先代社長の放漫経営を刷新したため、初年度から営業黒字を計上し、先代からのつきあいのある金融機関からも初年度からプロパー融資（短期融資ですが）のオファーを受けるなどして、力強く事業を再生させ、その3年後には奥様名義で自宅も買い戻され、見事に外科型の事業再生を成し遂げた事例もあります。

いずれにしても、私の関わった再生案件で、自主再生が成功した事例は1件もなく、第二会社方式の外科型再生手法で、破産管財人より事業譲渡を否認された事例も1件もないというのが現実です。

買戻期限前の自宅の買戻しを次々と実現

また、私の外科型再生支援のエッセンスである社長さんの自宅の「買戻特約付任意売却スキーム」では、買戻期限前の買戻案件が次々と実行されています。

なかでも極めつけの事例は、450坪の旅館（自宅・アパート2棟付）の買戻案件です。金融機関からの競売申立てで外部者に落札されてしまった450坪の旅館を、私の提携する不動産会社と事業再生ファンドのタッグで買い戻し、旅館事業を第二会社方式で存続させるようにしました。その結果、外国人観光客の増加等で旅館事業が好調な上に、首都圏の不動産価格の高騰、さらには日銀のマイナス金利に基づく金融機関の融資の活発化という外部要因にも後押しされ、その社長さん個人は10億円近い負債を負っていたにもかかわらず、結局、たった2年間で社長さんの親族企業に旅館を売り戻すことができたのです。

このように自らの自宅と事業用不動産を競売で失っても、あきらめずに短期間で買い戻したという結果は、単なる偶然ではありません。

まさに、この再生支援の世界において言えることは、「**成せば成る！　成さねば成らぬ！**」ということであり、それはすべて社長さんの勇気ある決断に尽きるということなのです。

返せなくなったお金（借金）を無理をして返す前に、「今、打つべき手」という自らの再生について冷静に目を向けていただき、間違っても経済苦による自殺という悲惨な結末に向かうことのないよう、私は日々願うばかりです。

第6章

各手続とスキーム等の手順・留意点の解説

Q&A

ここまで各章において具体的に手続・スキーム等を説明してきましたが、制度的な不安や疑問となる箇所がいくつかあったかと思います。そこで本章においては、その点を補うために、各手続・スキーム等における手順・留意点をQ＆Aで解説しています。

第二会社方式による外科型再生スキーム

Q－1 第二会社方式とは、どのようなものですか？

A

会社の事業再生方法の1つとしてよく利用されるのが第二会社方式といわれる手法です。旧会社の事業を「再生可能事業」と「再生不能事業」に選別し、前者の事業のみを旧会社とは別法人として設立した第二会社に移転し、後者の事業（特に負債）については法的整理を行うものです。

この第二会社方式は、「会社分割型」と「事業譲渡型」の２つに大別することができます。本書における対象企業においては、以下の理由から会社分割型を採用せずに、すべて事業譲渡型を採用することとしています。

すなわち、第二会社方式を会社分割型で実施する場合においては、再生不能事業（特に負債）を旧会社に残す場合には異議を述べる債権者が存在することになるので、一定の事項を官報に公告し、かつ知れたる債権者に対して個別に催告しなければなりません。

一方、第二会社方式を事業譲渡型で行う場合には、特に旧会社の債権者に対する公告義務や承諾を要しないので、確実かつスピーディに実施することが可能であり、一刻の猶予もならない小規模・零細企業の再生手法として、事業譲渡型が採用されるのは極めて当然といえます。

また、会社分割型の第二会社方式については、ここ数年、濫用的な会社分割が横行しており、各地で同分割が違法（詐害行為取消権、否認権）であるとの判決が続出しているのが事実です。そして平成24年10月12日の最高裁判決において、会社分割という組織法上の行為が詐害行為取消権の対象となる旨を明確にされた点は極めて重いといわざるを得ません。

Q-2 事業譲渡型の第二会社設立の手順と留意点は？

A

以下が具体的な手順・留意点となります。

① 採算的に存続可能な事業の選定

第二会社に譲渡すべき事業は、あくまでも営業黒字が確実に期待できる事業分野に限定し、必要な人材と取引先の選定に十分な配慮が必要です。

② 会計専門家による事業譲渡価格の算定

事業譲渡の対象資産の大半は時価で評価する必要があります。また、特許権等の無形固定資産が含まれる場合は、専門家による評価が必要です。なお、第二会社への事業譲渡は資産だけでなく、存続事業に関わる仕入先の買掛金も引き継ぐ必要があるため、引継ぎ買掛金の選別・仕入先の承諾手続が必要となります。

③ 第二会社の設立

経営者以外の第三者が株主・役員となる法人の設立が必要となります。現実的には経営者の配偶者や子が第二会社の代表者に就任するケースが多いのですが、債権者・破産管財人からの訴訟リスク（債権者詐害行為取消、否認権行使）を負いやすく、場合によっては税務署より第二次納税義務を負わされる可能性があります。その意味で第二会社の社長には、社長さんの事業を引き継いでくれる第三者が就任するのが適当ですが、信頼のおける従業員に事業を託すのも得策です。

④ 第二会社の資金調達

第二会社においては、どれくらいの資本金が必要かという問題がありますが、基本的には事業譲渡代金と、当面（3ヶ月程度）の運転資金を念頭において資本金を決定し、具体的な資金調達を実施する必要があります。

⑤ 事業譲渡代金の支払い

事業譲渡代金については、基本的には一括で支払うことが求められますが、実務的には分割払いも散見されます。

ただし、旧会社の破産申立て時点で事業譲渡代金が未払いの場合は、破産管財人により破産財団への組入れを求められることになりますので、留意が必要です。

Q－3 第二会社方式による外科型再生とは何ですか？

A

自主再生が困難な状況に陥ったリスケ企業の再生手法のことです。

リスケ企業においても採算的に存続可能な事業分野があれば、そこには従業員もいれば同事業に関わる取引先も多数あります。

そのような場合、リスケ企業がいたずらに事業を継続し続けてしまうと、事業の破綻は時間の問題であり、存続可能な事業分野までも破綻させてしまいます。これにより無用な失業と取引先の連鎖倒産を引き起こすことになります。

そこで、自主再生困難なリスケ企業の再生手法として、存続可能な事業のみを切り離して第二会社（別会社）を設立させて合法的に譲渡し、従業員の雇用と取引先との取引関係を維持させます。一方、リスケ企業自体は自己破産手続により清算手続を行う外科型再生が求められるのです。

Q-4 第二会社方式による外科型再生の具体的な手順・留意点は？

A

以下が具体的な手順・留意点となります。

① 事業譲渡に関する従業員・取引先等への周知・承諾

事業譲渡取引は会社分割のような組織上の契約ではないため、許認可にせよ、雇用関係にせよ、当事者間が個別に新たな契約を交わさなければならないという問題があります。

したがって、譲り受ける売掛金については売掛先に対する債権譲渡の通知が必要となり、譲り受ける買掛金については買掛先に対する債務引受の承諾が必要となるため、事業譲渡においては取引先への周知・承諾が重要な要件となります。

② 事業譲渡に関する会社法上の手続

このようなケースにおける事業譲渡は会社の重要な財産の譲渡になるため、取締役会の決議と株主総会の特別決議が必要となります。

③ 事業譲渡契約の締結、対価の授受、契約の履行

事業譲渡取引で最も問題となるのが、譲渡代金の適正性と譲渡代金の授受です。そして、

譲渡代金の使途も、後日における破産手続において破産管財人が最も厳しく精査する項目ですので、法的整理費用（裁判所への予納金、弁護士費用）、従業員給与（本人・親族役員への支払いは不可）、そして税金・社会保険料等の支払いに留めるべきです。

④（旧会社）弁護士による債務整理開始通知の発送

弁護士と債務整理手続に関する委任契約を締結した後、旧会社（場合によっては経営者個人も含みます）の債権者に対する債務整理開始通知を発送してもらいます。

この債務整理開始通知はすべての債権者に対して一律に発送する必要はなく、督促を止めたい債権者に対して随時的に発送してもらうことが可能です。

特に弁護士が税務署・社会保険事務所に債務整理開始通知を発送すると、ただちに銀行口座と売掛金が差押え処分となりますので留意が必要です。

⑤（旧会社・経営者）事業用不動産・自宅の任意売却手続

第二会社方式による外科型再生スキームにおいて、第二会社が旧会社の事業用不動産を必要とする場合や経営者個人の自宅を死守したい場合には、旧会社の自己破産手続を申し立てる前に代理人弁護士が主導となり、抵当権者との間で任意売却の交渉を行う必要があります。

この任意売却交渉は、不動産の価格が抵当権の抹消価格を下回る場合は困難を極め、期間も半年以上かかりますので、支援者探しなどの事前準備が必要となります。

⑥（旧会社）会社・経営者の自己破産手続申立て

弁護士が会社の債務整理手続を受任した場合、最低でも半年以内に具体的な債務整理案を債権者に提示するか、裁判所に自己破産の申立てをしなければなりません。

自己破産の申立てにあたっては、法人のみで裁判所に申し立てることもできますが、同時申立て手続により、法人とその社長さん（連帯保証人も可能）も、法人の申立て費用の中で自己破産手続を受け付けてくれる制度があります。

⑦（旧会社・経営者）自己破産手続の終結

リスケ企業が申し立てる少額管財破産手続においては、通常は約6ヶ月で破産終結することになります。

また、社長さんは裁判所に2回、破産管財人の事務所に2回出向くだけで破産手続が完了するケースが多いようです。したがって、約6ヶ月の間に4日ほどの拘束しかないため、破産手続期間中でも他で働くことが可能となります。

Q―5 第二会社方式による再生のメリット・デメリットは?

A

≪メリット≫

リスケ企業と第二会社は法人格を別にするため、第二会社は事業譲渡契約で引き継いだ資産・負債だけを承継することになるため、第二会社方式による再生手法で過剰債務を一掃し、無借金状態で事業の再生を図ることが可能になります。

≪デメリット≫

第二会社への事業譲渡によりリスケ企業は倒産状態に陥りますので、破産法に基づいて自己破産手続を行うことになります。これにより、リスケ企業の連帯保証人である社長さんも連帯債務を負うことになるため、社長さん自らも債務整理手続を同時に行う必要性が生じます。

なお、この再生手法においては金融機関への借入金や税金等を第二会社には引き継がないため、無借金状態でのスタートが可能になりますが、引き継ぐ従業員への未払い給料や仕入先への買掛金がある場合は、事業譲渡契約においてその労働債務と仕入債務を債務引受する必要があるため、一概に無借金状態からのスタートが切れるわけではない点に留意が必要です。

その意味で、第二会社方式での再生には、引き継ぐ従業員と仕入先との信頼関係の維持が最も重要だということができます。

Q-6 第二会社を設立した後、事業を円滑に継続させるための手順・留意点は？

A

以下が具体的な手順・留意点となります。

① 銀行口座の開設

銀行口座の開設は、簡単そうで実は簡単ではないのが現実です。金融機関は、反社会的勢力やマネーロンダリングを排除するため、法人口座の開設については、書面審査と現地への訪問、代表者の面談等の手続を行います。第二会社の本社地がバーチャルオフィスであったり、代表者の自宅等の場合は、その説明には困難が伴い、口座開設に思わぬ時間を要することがあり、せっかく得意先との取引関係を維持できたとしても売掛金の入金口座が準備できないという不測の事態に陥ることが多く見られます。

② 得意先・仕入先との取引関係の維持

リスケ企業の社長さんは、自らの事業を第二会社に事業譲渡することについて得意先や仕入先に明確に伝えず、単なる社名変更と偽って取引口座の変更を依頼してしまうケースがあります。

しかし、取引先によっては社名変更に関する登記簿の提出を求めるケースがあるため、そのような場合は当然ながら取引関係を絶たれることになり、第二会社の運営に大きな支障をきたすことになります。特にコンプライアンスを重視する大手企業との取引関係の維持においては極めて留意すべき問題です。

③ 旧会社の債権者との不測のトラブル

旧会社との事業譲渡契約において、すべての仕入先債務を引き継げれば特に問題はありませんが、引き継ぐ事業の内容次第では債務引受の対象とならない買掛金も多々あり、貸倒れとなる仕入先が、第二会社に関する風評被害をまき散らし、その後の再生プロセスに悪影響を与えるケースが散見されます。

また、旧会社において税金の滞納がある場合は、税務署は国税徴収法142条以下の規定により滞納処分のために必要のあるときは、裁判所の許可なく、旧会社はもちろんのこと旧会社の取引先に対しても、「捜索手続」を実施し、旧会社と第二会社との関係性や、第二会社における旧会社社長の関与状況等をつぶさに調査するケースが見られます。このような状態になると、第二会社への事業譲渡について好意的であった取引先も当然ながら腰が引け、その後の取引を停止せざるを得ない事態に陥り、第二会社の運営に甚大な影響を与えることになります。

したがって、第二会社方式の採用にあたっては、可能な限り税金の滞納の解消を事前に行うことが極めて重要です。

④　免責登記の実行

第二会社が事業譲渡によって「商号」や「屋号」を続用する場合には、譲渡会社（旧会社）の債務を負わされる可能性があるため、このリスクを回避するためには、第二会社が旧会社の債務を引き継がない旨の登記を事業譲渡実施後、遅滞なくする必要性があります（会社法22条）。

Q-7 第二会社方式による外科型再生の結果、社長さんの法的責任はどうなりますか？

A

リスケ企業が自己破産手続を裁判所に申し立てると、通常は6ヶ月ほどで破産手続は終結し、会社の債務はすべて免責されることになります。

しかし、破産手続により会社のすべての債務が免責されたとしても、会社の債務について連帯保証をしていた社長さん個人の連帯債務が自動的に免責されることはなく、社長さん個人が別に債務整理手続を行わなければならないという問題が残ります。

序章の再生事例でも述べましたが、法人が倒産したからと言って、法人自体を法的整理手続（自己破産）させなければならないという決まりはありません。まして、法人の連帯保証責任を負った社長さんの債務整理に関して法的整理手続（自己破産・民事再生）をしなければならないという決まりなどなく、あくまでも社長さん個人の任意の判断で法的整理手続の可否を判断すればよいというのが事実です。

序章の再生事例では、メインバンクから優越的地位の濫用により2億円のデリバティブ取引の損害を負わされたことに対する怒りにより、社長さんは法的整理手続（自己破産）を拒否し続け、高齢であることと資力を失ったことなどから民法166条の債権消滅時効による連帯保証責任（3億円）の法的消滅を選択し、5年の債権消滅時効成立直前になりメインバンク系のサービサーとの間で約1000分の1の30万円で和解した話をしました。しかし、実は法的整理手続を選択しなくても、最後の支払日から5年間、債権者から裁判を提起されず、債権者に対する債務確認にも応ぜず、一度も弁済行為をしなければ社長さんの連帯保証債務は法律（民法166条）により法的に消滅するという嘘みたいな本当の話があるのです（時効の援用が必要ですが）。

Q－8

弁護士に債務整理手続を委任すると金融機関から社長さんへの督促が止まるというのは本当ですか?

A

リスケ企業の社長さんにとっての最大の苦しみは、金融機関等の債権者からの督促行為です。その結果、多くの社長さんは、この督促行為により精神的に追い込まれ、うつ病状態になるケースが多く見られます。

このような場合、弁護士に債務整理手続を委任すると、弁護士は債務整理開始通知を各債権者に発送し、それ以降は、弁護士と直接交渉する旨を各債権者に伝えることになります。

その結果、貸金業者は貸金業法に基づいて債務者と直接交渉を行うことを禁じられ、金融機関もこれに追随することになりますので、経営者は金融機関等からの督促行為から解放されることになります。

ただし、リスケ企業が弁護士に債務整理手続を委任した段階で、金融機関は、リスケ企業が銀行取引約定書上の支払不能状態に陥ったと判断するため、借入金は「期限の利益」を喪失し、預金口座は凍結され、当座預金を開設している場合には、手形・小切手取引ができなくなることになります。

また、借入金の連帯保証人の銀行口座（借入先の金融機関に限ります）はロックされ、口座が凍結（相殺）されることになるので留意が必要です。

Q-9 第二会社への事業譲渡に関して債権者より訴えられることはないのですか？

A

第二会社への事業譲渡取引に疑義がある場合は、民法424条により債権者から、債権者詐害行為に基づく事業譲渡取引の取消訴訟が提訴される可能性があります。

しかしながら、同訴訟で事業譲渡を取り消すには、原告側（債権者側）が事業譲渡取引が債権者の権利を害するものであることを立証する必要があり、特に事業譲渡の取引価格の不当性や譲受会社の悪意（譲受会社側が債権者の権利を害する意思を有していた事実）を立証することは、民事裁判においては極めて困難であるため、事業譲渡取引により債権者から訴えられることは稀なケースといえます。

債権者（特に金融機関）が債権者詐害行為で提訴するのは、リスケ企業の連帯保証人である社長さん個人が、配偶者等の親族に自らの財産（特に自宅等の不動産）を贈与（あるいは低廉譲渡）してしまうケースです。よくある例としては、税金の負担を減らすために税制上の特例を用いて、妻に対して贈与を行ってしまうケースが見られます。このような親族間の財産移転行為については、前述の立証責任が被告側（会社・社長さん側）に課せられるため、詐害行為としてみなされやすい訴訟手続となるのです。これは、事業再生に関する知識の乏しい税理士が社長さんに間違ったアドバイスをすることの多い失敗事例です。

Q-10 旧会社の破産手続で破産管財人より第二会社への事業譲渡取引が否認されることはありますか？

A

第二会社への事業譲渡取引については、債権者だけではなく、旧会社の破産手続においても裁判所から選任された破産管財人（弁護士）が精査し、疑義があると判断すれば、破産法に基づいて否認されることになります。

ただし、この否認手続においても破産管財人は別途裁判を提起しなければならず、破産手続の時間的制約、経済的（訴訟費用）制約と裁判の立証困難性の観点より否認権を行使するのは稀であり、むしろ、破産管財人は否認権をちらつかせながら、中立て代理人弁護士との和解協議により、実務的には一定金額を和解金として破産財団に組み入れさせる方法を採用しているのが実態です。

また、**Q-9**でも説明しましたが、親族間の財産移転行為に疑義がある場合は、否認権を積極的に行使します。

Q-11 第二会社方式による外科型再生スキームにかかる費用の概算は？

A

各種費用には以下のものがあります。

・旧会社の自己破産申立て費用

少額管財事件に関する裁判所への予納金……約20万円

・弁護士費用（事案の難易度よる）

自己破産手続のみ……約50～150万円

自己破産手続＋任意売却交渉……約100～200万円

・その他費用

個人民事再生手続費用（申立裁判所）……約30万円

事業譲渡取引価格査定費用（事業規模による）……約30～150万円
関連訴訟費用（訴額による）……約30～100万円
任意売却関連費用（難易度による）……任意売却金額の3～5％

あくまでも概算ですが、第二会社方式による外科型再生スキームには約100～250万円の費用がかかると思われます。

Q―12 どのタイミングで第二会社方式による外科型再生を決断するべきでしょうか？

A

リスケ企業においては、金融機関への約定返済を猶予してもらわなければならないほどの経営状態にあるわけですから、現実的にみて自主再生できる状況であるか否かを冷静に判断する必要があります。

具体的には、次の改善環境が揃わない限り、慢性的な赤字経営を続けていくことになるのです。

① 資金繰りの悪化原因が一過性のものであり、中長期的には黒字経営が見込まれ、自主再生が可能である。

② 遊休不動産の売却や社長さんからの私財投入により、抜本的なリストラ費用を捻出することができ、自主再生が可能である。

③ 金融機関からの大幅な債務免除の申入れにより、自主再生が可能である。

金融機関への返済猶予だけでは事業継続が困難な状況に陥ることは自明の理です。その結果、金融機関への返済猶予にとどまらず、税金・社会保険料の滞納に始まり、取引先（買掛金、未払金）への延滞と給料の遅配により、事業破綻リスクが急速に高まることになります。この状況に陥ると、社長さんは自らの私財を投入するだけではなく、親族・知人からの個人借入、クレジットカード・消費者金融からの借入に依存し、最後は違法金利の闇金融に手を出し、会社や社長さん、時には親族の財産を骨の髄までしゃぶり尽くされ、会社の事業のみならず社長さん個人の財産・家族までも失うケースが後を絶たないのが現実です。

現実的な自主再生の可能性が見込めない状況（大半のリスケ企業）こそが、第二会社方式による外科型再生を決断するタイミングなのです。

個人向け民事再生手続

Q-1 民事再生法とはどのような法律ですか？

A

中小企業の簡易・迅速な倒産手続を行うことを目的として、従来の和議法を廃止し、平成12年4月に施行された法律です。また、民事再生法は、法人のみならず、多重債務に陥った個人の債務整理手続に利用できるという特徴があります。

民事再生手続は、裁判所に提出した再生計画案を債権者集会において債権者（議決権者）数の過半数と債権総額の2分の1以上となる債権総額の同意を得ることにより可決され、裁判所より認可決定を受けることになります。

Q-2 個人の民事再生手続の場合、自宅を維持することはできますか？

A

個人が民事再生手続を申し立てた場合で、住宅ローンを抱える自宅があるとき、「住宅資金特別条項」を適用することにより、住宅ローンは従来どおり債務の減免を受けることなく払い続け、それ以外の債務（税金は除きます）については、再生計画案に基づく債務免除を受けることができます。

この住宅資金特別条項を適用すれば、個人の債務整理手続でも自宅を維持できる点が民事再生手続の大きな特徴といえます。

Q-3 民事再生手続には個人向けの簡易な方法（個人民事再生）があるのですか？

A

債務総額が5000万円以下の個人の民事再生手続については、より簡易・迅速に行うために個人向けの民事再生手続（小規模個人再生手続、給与所得者等再生手続）を利用することができます。

この個人向けの民事再生手続によれば、通常の民事再生手続時の裁判所に納める予納金（非事業者で負債総額5000万円未満の場合）が50万円であるのに対して、1万1928円と格安である上に、民事再生手続における可決要件も、通常の民事再生手続が債権者集会における積極的な同意を要するのに対して、消極的な同意を得るだけで可決されるという可決要件の緩和がなされています。

Q-4 可決要件の積極的同意と消極的同意の違いは何ですか？

A

通常の民事再生手続における可決要件は、再生計画案に賛成する旨の議決（賛成票）を債権者数では過半数、債権総額では2分の1以上を得なければなりません。それに対して個人再生手続（小規模個人再生手続）は、再生計画案に反対、すなわち不同意である旨の議決（反対票）が債権者数では過半数、債権総額では2分の1以上でなければ再生計画案は承認されたものとされます。

この違いは、通常の民事再生手続が債権者に積極的に賛成票を投じてもらえなければ再生計画案が可決できないのに対して、個人再生手続においては、積極的に反対票を投じる債権者が債権者数では過半数、債権総額では2分の1以上でなければ可決されるという点であり、再生計画案の可決要件としては極めて大きな違いといえます。

Q-5 債権者の同意のいらない個人の民事再生手続とはどういうものですか？

A

個人の民事再生手続のうち、小規模個人再生手続の可決要件が過半数の消極的同意で足りる点は大きな魅力ですが、リスケ企業の社長さんの債務整理手続における債務の多くは公庫と保証協会に対するものです。

これらの債権者は債権者集会において再生計画案に積極的に反対票を投じる傾向にあるため、個人の民事再生手続とはいっても、ほぼ100％否決されてしまうことになります。

この場合、個人の民事再生手続において給与所得者等再生手続を利用すれば、債権者の同意なしに最大9割の債務免除を認めてもらえ、3～5年で残りの債務（弁済債務）を分割弁済することになります。

もちろん、「住宅資金特別条項」も利用できますので、リスケ企業の社長さんにおける債務整理手続は、事実上、個人の民事再生手続における給与所得者等再生手続に限定されることになります。

Q-6 債務総額が5000万円を超える場合、個人の債務整理手続はどのようにすればいいのでしょうか？

A

債務総額が5000万円を超える場合の債務整理手続として、通常の民事再生手続を利用することは理論的には可能です。

しかし、リスケ企業の社長さんにとっての債務の大半は、公庫と保証協会に対する連帯保証債務であり、これらの公的機関は法人・個人にかかわらず基本的に債務免除には応じてくれませんので、いくら民事再生手続を申し立てたとしても、再生計画案が可決されることはありません。

民事再生手続が利用できない場合の法的債務整理手続は、基本的には自己破産手続しかありません。個人の債務整理手続における民事再生手続と自己破産手続の大きな違いは、弁護士・公認会計士等の有資格者であれば資格を失うか否か、またそうでない限り、「住宅資金特別条項」により自宅を守れるか否かという点です。したがって、住宅ローン付の自宅をもっていない債務者の場合は、「民事再生」と「自己破産」のどちらを利用しても大きな差はなく、むしろ、自己破産手続のほうが全額の債務免除を受けられるため、その後の生活のことを考えればそれを利用したほうがよいともいえます。

206ページでもお話ししましたが、個人のクレジット等の与信を管理するCICやJICCにおいては、自己破産手続においては債務の免責決定を受けた日から5年経過した時点で与信が回復するのに対して、民事再生手続においては再生債務の弁済が完了した日から5年を経過した時点で与信が回復する運用となっているため、通常の個人再生手続における再生債務の弁済期間が3年であるため、与信の回復まで8年を要するという結果になります。

そのことから、自己破産手続と民事再生手続との選択において、与信の回復期間が前者は5年、後者は8年という大きな違いがあることに十分留意すべきといえます。

Q-7 個人再生手続（給与所得者等再生手続）の手順・留意点は？

A

以下が具体的な手順・留意点となります。

① 弁護士との契約締結

会社の法的整理と一緒に社長さん個人の債務整理手続として個人再生手続（給与所得者等再生手続）を依頼し、なおかつ、「住宅資金特別条項」を利用して自宅を維持する旨を依頼します。

② 債務整理開始通知の発送

債務整理開始通知は、会社の連帯保証先だけではなく、社長さん個人の一般債務（税金や住宅ローン以外）の債権者に対しても発送することになるため、弁護士が債務整理開始通知を発送する段階で、社長さん個人がもっているクレジットカードを弁護士に渡す必要があります。

したがって、この時点で社長さん個人は、すべての取引を現金で決済しなければならなくなりますので留意が必要です。

③　個人再生手続の申立て

リスケ企業の社長さんが会社の連帯保証債務を個人再生手続により債務整理手続を行う場合は、会社の法的整理を先行して行わなければ裁判所は個人再生手続を開始してくれませんので留意が必要です。

また、個人再生手続は債務総額が５０００万円以下であることが条件ですので、連帯保証債務がある場合は、当該債務に遅延損害金が加算されるため、事前に債務総額の確認を慎重に行う必要があります。

さらに、個人再生手続（給与所得者等再生手続）においては、安定的な給与収入が存在することが条件とされ、一般的に債務総額が約５０００万円の場合は年収で約６００万円程度が求められますので、収入状況について留意する必要があります。

④　監督委員等によるテストカウント

例えば、個人再生手続を東京地裁に申し立てる場合、裁判所は自己破産手続における破産管財人同様、監督委員（弁護士）を選任して個人再生手続を開始しますので、別途、監督委員への費用が発生することになります。

しかし、横浜地裁や千葉地裁等では、監督委員を申立て代理人弁護士に委任する運用を行いますので、申し立てる裁判所によって監督委員への報酬に差が生じることになります。

そして、監督委員が選任されると、個人再生手続が認可決定された場合の毎月の弁済が可能であるかどうかのテスト期間（6ヶ月間）に入ります。

⑤ 住宅資金特別条項の適用

住宅資金特別条項を適用する場合、当該不動産に住宅ローン以外の抵当権が後順位で設定されていると裁判所に却下されますので、事前に抵当権の抹消について当該債権者の同意を得ておく必要があります。

⑥ 個人再生手続の認可決定

監督委員によるテストカウント終了後、裁判所より個人再生手続の認可決定を受け、以降、弁済金の支払いを原則3年間で行うことになりますが、途中で弁済が途絶えてしまうと、裁判所より個人再生手続の認可決定が取り消されることになりますので、留意が必要です。

買戻特約付任意売却スキーム

Q－1　買戻特約付任意売却スキームとは何ですか？

A

リスケ企業の社長さん個人の債務整理手続において、債務総額が5000万円を超えてしまうと個人再生手続（給与所得者等再生手続）が利用できないため、自己破産手続によらざるを得ないのが現実です。

その場合、社長さんの生活の基礎となる自宅を破産手続により失うことになり、社長さん個人の経済的再生の基盤をより脆弱にしてしまうという大きな問題が生じます。

そこで、自己破産手続を申し立てる前に第三者に自宅を社長さん個人の意思で任意に売却し、売却した自宅はリースバック（賃貸）で従来どおり使用し、売却した自宅を将来において社長さんの親族等が第三者から買い戻すことにより、社長さん個人の経済的再生の基盤を死守する合法的なスキームといえます。

Q-2 買戻特約付任意売却スキームでは、なぜ第三者に自宅を売却しなければならないのですか?

A

リスケ企業の社長さんは会社の連帯保証人となっているため、会社が債務超過の状況下で第二会社方式による外科型再生を実行する際に、会社の法的整理手続において、社長さんが親族に対して自宅等の不動産を贈与したり低廉譲渡をしていた場合、破産法の規定に基づき否認権が行使されることになります。

また、法的整理手続前においては、債権者より詐害行為取消権に基づき取引が取り消される可能性があります。これらの否認・取消リスクを回避する手段としては、社長さんと第三者の関係にある会社・個人を相手に、社長さんの不動産を売却せざるを得ないのが実情です。

Q-3 自宅の市場価格（時価）と住宅ローン残債務との関係で買戻特約付任意売却スキームの難易度に差があるのでしょうか？

A

自宅の市場価格（時価）が住宅ローンの残債務を3割以上上回っている場合は、買戻特約付任意売却の支援者も市場価格の7割程度で経営者の自宅を取得・賃貸することができるため、基本的に安全な収益物件として資金調達も容易に行うことができ、円滑にスキームを実行することが可能といえます。

逆に自宅の住宅ローンの残債務が市場価格（時価）よりも上回っている場合は、住宅ローンの残債務（抵当権）を返済しなければならないため、支援者は時価を超える金額で社長さんの自宅を取得しなければならず、現実的には残債務の額で支援を行うことができません。

そのような場合は、債権者（抵当権者）との間で代理人弁護士または不動産業者が任意売却の交渉を行わなければならず、任意売却額をめぐって熾烈な交渉手続が必要となり、競売寸前の中での交渉となるので難易度の高いスキームにならざるを得ません。

Q-4 買戻特約付任意売却スキームにおけるリースバック（賃貸）取引と買戻価格の相場は？

A

買戻特約付任意売却スキームにおけるリースバック（賃貸）取引においては、基本的に支援者が支出する投資額（不動産取得額＋登記費用＋不動産取得税＋仲介手数料等）の６～12％が年間賃料として求められるのが現状で、支援者側の資金調達コストにより幅があります。また、社長さんの親族等が対象不動産を買い戻す場合は、前述の投資額の10～20％を上乗せした金額が買戻金額とされるのが通常です。

Q-5 買戻特約付任意売却スキームの手順・留意点は？

A

以下が具体的な手順・留意点となります。

① 買戻特約付任意売却スキームの立案と支援者・買戻予定者の特定

買戻特約付任意売却スキームを実行するにあたり、いくらで売却・賃借し、いつ、いくらで誰が買い戻すかなどについて、おおよその内容を不動産の専門家を交えて検討し、支援者に対して事前に具体的なオファーを行うことが重要です。

② 代理人弁護士による債務整理開始通知の発送と任意売却の意思表示

市場価格が住宅ローン残債務を下回る（オーバーローン）任意売却については、債務者が債権者に対して有する「期限の利益」を喪失しなければ具体的な交渉に入れませんので、代理人弁護士による債務整理開始通知の発送により期限の利益を喪失すると同時に、代理人弁護士より任意売却の意思表示を行ってもらう必要があります。

③ 保証会社による代位弁済の実施

住宅ローンについては基本的に保証会社が債務保証をしているため、住宅ローンを組んでいる金融機関と交渉しても、意味がありません。

②のとおり、代理人弁護士による債務整理開始通知の発送により、金融機関への期限の利益を喪失し、金融機関から保証会社への代位弁済の請求をもって債権者が金融機関から保証会社に移行し、任意売却の交渉が可能になります。

④　任意売却交渉業者による販売活動

代理人弁護士が任意売却の意思表示を行うと同時に、保証会社に対して任意売却業務を債務者側からすることを意思表示する必要があります。

その上で任意売却交渉業者は、保証会社からの売却金額の指示により第三者への販売活動に入り、不動産売買情報システムに当該不動産を掲示することになります。

⑤　任意売却交渉業者と債権者（抵当権者）との価格交渉

不動産売買情報システムに当該不動産を2～3ヶ月間掲示したにもかかわらず、売却金額が高いなどの理由により買い手がつかない状況になると、任意売却交渉業者は自らが買取価格を保証会社に提示して、売却金額の修正交渉を行うことになります。

⑥　競売申立てによる売却基準価格の決定

保証会社は任意売却交渉業者との売却金額交渉においては、自らが競売申立てを行い、売却基準価格を裁判所に決定してもらい、競売手続と同時並行的に任意売却を交渉するケースも散見されます。

⑦　任意売却の実行

保証会社と売却金額が合意した段階で、支援者との間でリースバック（賃貸借）と買戻取引の最終条件を決定し、任意売却と同日にそれぞれの契約も締結することになります。

買戻取引については支援者側に大きなリスクを負わせることになるため、買戻期限までの各月に手付金の一部を積み立てさせるケースもあり、買戻しができない場合には、同積立金は違約金として支援者が没収し、ビジネスリスクを回避することになります。

■著者紹介

橋口 貢一（はしぐち・こういち）
株式会社東京事業再生ER　代表取締役
公認会計士・税理士

昭和63年に公認会計士試験第２次試験合格後、野村證券株式会社・新日本有限責任監査法人等を経て、平成７年にベンチャー企業の起ち上げに携わり、有名ベンチャー企業のCFOとしてIPO（株式上場）を目指すも、平成18年にグループ負債総額50億円の倒産を経験。

その後、膨大な倒産処理業務を行うと同時に、５億円に及ぶ個人債務を50分の１の1,000万円に減額し、自宅と資格（公認会計士・税理士）を守り切るという奇跡的な再生経験をする。

平成24年、「株式会社東京事業再生ER」を設立。自らの経験を生かして自主再生が困難な中小企業とその経営者の生活・財産を守り切る（外科型）再生支援業務を開始。

◆連絡先
株式会社東京事業再生ER
〒107-0052　東京都港区赤坂7-11-12-1105
TEL：03-6441-2839

◆株式会社東京事業再生ERホームページアドレス
http://www.saisei-er.co.jp

＊本書は、2016年に発刊した『自主再生困難な社長さんの事業・生活・財産を守る最後の救済策』を改題し、内容の追加・修正を行っています。

経営危機《けいえいきき》に陥《おちい》った社長《しゃちょう》さんを守《まも》る最後《さいご》の救済策《きゅうさいさく》

2023年９月21日　発行

著　者　　橋口《はしぐち》 貢一《こういち》 ©

発行者　　小泉 定裕

発行所　　株式会社　清文社

東京都文京区小石川１丁目3-25（小石川大国ビル）
〒112-0002　電話 03(4332)1375　FAX 03(4332)1376
大阪市北区天神橋２丁目北２－６（大和南森町ビル）
〒530-0041　電話 06(6135)4050　FAX 06(6135)4059
URL https://www.skattsei.co.jp/

印刷：大村印刷(株)

ISBN978-4-433-41513-6